Edición: Primera. Agosto de 2018

ISBN: 978-84-17133-10-8

© 2018, Miño y Dávila srl / Miño y Dávila editores sl

Diseño: Gerardo Miño
Composición: Eduardo Rosende

MIÑO y DÁVILA
♦ E D I T O R E S ♦

Página web: www.minoydavila.com

Mail producción: produccion@minoydavila.com
Mail administración: info@minoydavila.com

En España: Miño y Dávila Editores s.l.
P.I. Camporroso. Montevideo 5, nave 15
(28806) Alcalá de Henares, Madrid.

En Argentina: Miño y Dávila s.r.l.
Tacuarí 540. Tel. (+54 11) 4331-1565
(C1071AAL), Buenos Aires.

colección

Antropología, estudios culturales y relaciones de poder

dirigida por Sergio Caggiano y Fernanda Figurelli

La colección se propone recoger y difundir trabajos que aporten al vasto campo de estudios del poder desde la antropología y los estudios culturales. El horizonte problemático que la orienta se estructura en torno a una concepción relacional del poder, que lo entiende como un ejercicio productivo y abierto a la dinámica histórica, sin formas y contenidos predefinidos. Orientarse por una concepción relacional conlleva sostener el desafío de superar la división entre lo macro y lo micro, indagando cómo las configuraciones de poder se entretejen dinámicamente desde los intercambios cotidianos. Conlleva también el interés por múltiples escalas de análisis y por las complejas conexiones y articulaciones entre ellas, por el modo en que lo global y lo local se producen a partir de relaciones sociales concretas. Recogiendo líneas de indagación de la tradición antropológica y de los estudios culturales, también ocupa un lugar destacado dentro del horizonte problemático de esta colección el análisis de categorías y clasificaciones sociales con las que organizamos nuestros mundos heterogéneos.

La colección se abre a distintas áreas y tipos de trabajo: investigaciones empíricas o bibliográficas que revisan aportes o limitaciones en los estudios del poder y procuran una mirada original para su comprensión, que abordan los procesos de producción y reproducción de diferencias y desigualdades en torno a distintas dimensiones como clase social, género, etnicidad, nacionalidad, edad, etc., que indagan las relaciones de poder involucradas en las categorías de percepción del mundo o que problematizan las formas de poder ligadas a las propias prácticas de investigación y formación en nuestros campos disciplinares, entre otras.

Federico Rodrigo

Género y nacionalidad en la cotidianidad de la política

Migrantes bolivianas en un movimiento piquetero de la ciudad de La Plata

MIÑO y DÁVILA
◆ E D I T O R E S ◆

Índice

Agradecimientos

L as reflexiones que se presentan en este libro fueron desarrolladas originalmente en el marco de la tesis de graduación de la Maestría en Sociología de la Cultura y el Análisis Cultural del Instituto de Altos Estudios Sociales de la Universidad Nacional de San Martín. En este proceso conté con el acompañamiento de Sergio Caggiano y José Itzsigshon como director y co-director respectivamente. Ambos fueron imprescindibles durante la totalidad del proceso que inició con el trabajo de campo y se extendió hasta la conclusión del texto.

Además, en el caso de Sergio su acompañamiento está presente desde finales de 2005, cuando lo conocí en la cátedra de Comunicación y Teorías de la Facultad de Periodismo y Comunicación Social de la Universidad Nacional de La Plata. Desde aquel momento su presencia ha sido fundamental en el desarrollo de mi trayectoria académica. Luego de transitar con él las tesis de licenciatura, maestría y doctorado, ya no estoy seguro de poder distinguir "mis" ideas de sus aportes. Evidentemente, soy absolutamente responsable de los contenidos de mis trabajos, pero quiero enfatizar que si existe algo así como una voz personal que se expresa en ellos, la misma sólo existe en el marco de una conversación con él que lleva más de diez años.

Algunos de los pasajes de este texto fueron reelaborados para clarificar, fortalecer o, inclusive, cambiar algunos de los argumentos originales. En este proceso, fueron decisivos los comentarios expresados por quienes constituyeron el jurado de la tesis. Alejandro Grimson, Natalia Gavazzo y Mauro Vázquez realizaron una lectura rigurosa, comprometida y profunda, y su generosidad intelectual permitió que la conversación desarrollada durante la instancia de defensa sea un insumo fundamental para la elaboración de este libro.

Quiero hacer un reconocimiento especial para quienes con sus prácticas y narraciones aportaron la sustancia sobre la que se construyen los análisis de este trabajo. Con mis entrevistados/as que prestaron su tiempo y abrieron aspectos de su intimidad, y con el resto de los/as integrantes de la organización que soportaron muy gentilmente que un "fisgón" que no comparte algunas de sus convicciones merodee sus actividades, me gustaría que mi agradecimiento pueda en algún momento parecerse a algún tipo retribución. Sé que mi deuda aún es grande, pero espero haber dado algunos pasos para que mi tránsito por Altos de San Lorenzo haya dejado algo más que promesas y buenas intenciones.

También creo imprescindible reconocer los aportes de los/as colegas de los espacios académicos de los que participé en estos años, que leyeron y comentaron diferentes pasajes de este –y otros– textos y que compartieron conmigo los deseos, entusiasmos, expectativas, angustias y temores que le dan vitalidad a la práctica académica.

En el Centro de Investigaciones Sociales (CONICET/IDES), Sergio Visacovsky y Mariano Plotkin como principales autoridades, integrantes del Consejo Directivo, personal administrativo (tanto del CIS como del IDES), personal de apoyo, investigadores/as y becarios/as brindaron una ayuda constante y realizaron valiosas contribuciones. A su vez, los/as miembros de Programa del Ciudadanía y Derechos Humanos son interlocutores/as fundamentales en la delimitación del horizonte de interrogantes que me movilizan. Quiero destacar especialmente mi agradecimiento a Elizabeth Jelin por su rol de principal articuladora de este espacio (y de tantos otros) y por la multiplicidad inconmensurable de formas en que sus comentarios y reflexiones forman parte de mi producción (y en cierta medida la hicieron posible). También en el CIS, el Grupo Interdisciplinario de Investigadores/as en Formación se conformó para mí en un ámbito de encuentro y sociabilidad imprescindible para el desarrollo de mis investigaciones.

Por su parte, en la Facultad de Periodismo de la Universidad de La Plata, los/as amigos/as del Observatorio de Jóvenes primero y del Centro de Investigaciones "Aníbal Ford" y de la cátedra de Estudios de la Sociedad y la Cultura después, acompañaron críticamente la totalidad de las decisiones conceptuales, metodológicas y estéticas que fui tomando. Ellos/as han sido mis más entrañables cómplices en estos años de desarrollo académico y de resistencia a la abulia desafectada que se nos propone como modalidad inevitable de la maduración profesional.

Los/as evaluadores/as y comentaristas de publicaciones y actividades científicas que leyeron detenidamente artículos y ponencias en los que expuse algunas de mis reflexiones también son co-autores/as de este libro. Mi descuido y las características del referato ciego me hacen imposible identificar a quienes con su colaboración hicieron de mis textos algo mejor, pero no quiero dejar de destacarlos/as porque este saludo es, fundamentalmente, un reconocimiento de la importancia de los ámbitos de discusión que dan cuerpo a la conversación colectiva en que se producen las ideas.

Este libro se publica en un contexto de transformaciones regresivas en las políticas científicas, caracterizadas por recortes presupuestarios, patéticas declaraciones de los funcionarios del área intentando justificarlas e intentos sistemáticos y organizados de deslegitimación de la ciencia y los/as científicos/as promovidos por el gobierno nacional. En este marco, espero que destacar que desde 2013 soy becario del programa doctoral del CONICET ponga sobre relieve la endeblez del marco de oportunidades en el que pude realizar mi investigación y evidencie su carácter contingente. Agradezco las posibilidades brindadas por el CONICET, entonces, y con este gesto espero que esta publicación haga parte de la multifacética lucha en defensa de un proyecto de nación que requiere de instituciones y trabajadores/as científicos/as.

Que la democratización de la ciencia y la universidad implica tanto su masificación como la deconstrucción permanente de sus principios de autoridad excluyentes, y que este movimiento sólo es posible en el marco de proyectos políticos populares y emancipatorios, es algo que he comprendido en los años de estudio, docencia, investigación y militancia en y desde la Facultad de Periodismo y Comunicación Social de la Universidad Nacional de La Plata. En este sentido, en los nombres de Florencia Saintout y Andrea Varela quiero reconocer a tantos/as compañeros/as de lucha que colaboran en la imaginación del horizonte político en el que se inscriben mis reflexiones.

Probablemente la mayor deuda de este texto sea con la pedagogía político-gastronómica de Magalí Domínguez y su generosidad de cocinera de olla popular. Ojalá algún día pueda mostrar cómo en los fideos con habas que aprendió a guisar de sus "compañeras bolivianas" ella transmitía su crítica al capitalismo colonial y patriarcal. No encontrarán esa receta en estas páginas, pero sí mi propio devenir luego de esa degustación.

Finalmente, sólo en el espacio que se arma entre mis amigos/as, mis viejos/as y hermanos y Natalia, lo real se siente verdadero. Su presencia en este texto es indescriptible, es la confianza en que mientras escribo estas líneas hay algo que late –que arde y reclama–.

Prólogo

*G*énero y nacionalidad en la cotidianidad de la política. *Migrantes bolivianas en un movimiento piquetero de la ciudad de La Plata* resulta un aporte distinguido a la tradición de las ciencias sociales empíricas argentinas. Es resultado de un trabajo de campo sistemático y riguroso, y la producción y análisis de datos echa mano de herramientas conceptuales sólidas y creativas. Como saben quienes la practican, la investigación empírica implica desafíos de distinto orden. Habiendo tenido la posibilidad de seguir de cerca este proceso, sé que el autor pasó por estados acaso inevitables de un buen trabajo de investigación: inquietud, entusiasmo, incomprensión, aburrimiento, algo de entretenimiento y nuevo entusiasmo, angustias, decepción, otra vez entusiasmo y así siguiendo. A lo largo de meses y años estos estados de ánimo acompañan azares y decisiones, grandes y pequeños que, en muchos casos, tienen que ver con las relaciones sociales que el investigador entabla como parte de su trabajo. Convertir ese sinnúmero de avatares en doscientas páginas de texto constituye un reto difícil.

En Argentina el desafío tiene aditamentos propios. En el campo académico local conservan una significativa fuerza argumentos a favor del ensayo que, más o menos abiertamente, envuelven una crítica al trabajo empírico, en ocasiones rotulado como "empiricismo". En nombre del pensamiento crítico y sin mayores argumentos, desde esa posición se despliegan gestos desdeñosos (y ampulosos) o ataques directos contra lo que se sindica como un conocimiento positivista que no podría desasirse de las taras de una realidad que apenas glosa. Personalmente, en cambio, soy de los que creen que el pensamiento crítico precisamente no debe desasirse de la realidad que pretende comprender o explicar. No conviene dejarse ganar por la urgencia de "decir algo". Los buenos trabajos empíricos nacen de tener "algo que escuchar" más que "algo que decir", o tienen "algo que decir" solo luego de haber escuchado y como producto de ello. Federico Rodrigo ha desarrollado esa capacidad nacida de la prudencia y la plasma con destreza.

Los aportes críticos del libro no son verdades de a puño, entonces. Son modulaciones conceptuales, deslizamientos de los interrogantes, sutilezas de la percepción. Las mujeres migrantes del libro participan de un comedor comunitario en las afueras de La Plata y de la organización política a la que éste pertenece, obtienen allí empleo y vías por las que canalizar sus necesidades. La militancia, a su vez, las acompaña de regreso a casa y se sienta a la mesa. Y desarrollan otras fases de su vida, además, con su familia y redes de conocidos, con paisanas y con argentinos, con jóvenes y con ancianos, en la casa, el barrio y el centro, y lo hacen sin perder contacto con otros que se han quedado en los lugares de origen. Por aprovisionamiento o por militancia viajan, se movilizan, marchan, y sus movimientos se entrelazan con el de la migración. Translocalidades y tiempos heterogéneos. Todo entramado en relaciones sociales, lo que significa en relaciones de poder. Clase, nacionalidad, género... cualquier categoría puede sonar rígida para dar cuenta de esta compleja urdimbre de realidades múltiples, y es aquí precisamente donde reside uno de los más interesantes aportes del libro, en apelar a la potencia explicativa de esas categorías y dimensiones analíticas sin descuidar los entretejidos, los solapamientos, sus fortalecimientos mutuos y sus compensaciones.

Una de esas modulaciones, desplazamientos y sutilezas ocurre en torno a la nacionalidad y la pertenencia nacional. Es un tópico permanentemente trabajado y vuelto a trabajar en las ciencias sociales y humanas, y el autor conoce las formas que ha tomado el tema alrededor de las migraciones. Pero elude hábilmente la aplicación de nociones y problemas preconcebidos a la realidad que explora y, al hacerlo, ilumina una zona de la experiencia que puede estar atada a otras experiencias de la nacionalidad, pero cuyo matiz la especifica. Se trata de una nacionalidad tejida por mujeres y entre mujeres, en la militancia y, antes, en la cotidianidad del barrio y del trabajo. La nacionalidad de las mujeres del comedor no puede entenderse por fuera de las relaciones de género y de las vivencias de clase. Aunque esté relacionada, no es la de los estandartes ni la de las casacas deportivas. Es una pertenencia nacional que se deja ver mejor en un par de zapatos de uso diario que en una bandera.

Este mérito es resultado de uno más general. *Género y nacionalidad en la cotidianidad de la política. Migrantes bolivianas en un movimiento piquetero de la ciudad de La Plata* constituye un muy buen ejercicio de análisis interseccional, aunque este no sea su propósito teórico ni su enfoque conceptual. El trabajo interroga la vida política de mujeres llegadas de Bolivia a un barrio de la capital de la provincia de Buenos Aires, mujeres con trayectorias migratorias diversas, aunque muchas con un lugar de partida común. Las preguntas emergen de las preocupaciones primeras del investigador acerca de las vías de "incorporación migrante", de las dinámicas migratorias y de la pertenencia nacional, y acerca del papel que en estos procesos tienen las redes de relaciones desplegadas por ellas y su inserción en el movimiento piquetero que gestiona el comedor comunitario. Como conviene que suceda en un buen trabajo etnográfico, las preguntas de investigación han terminado de definirse en el campo, y en este caso acabaron concerniendo, como apunté, a distintas dimensiones de la diferencia y la desigualdad, especialmente género, clase, etnicidad y nacionalidad. Al mismo tiempo, Federico Rodrigo puede moverse con solvencia en el terreno ambiguo y superpuesto que dibujan los muchos niveles y vías de formalización política de la experiencia que su caso presenta: desde las experiencias calladas e íntimas que se cuentan rara vez hasta las discusiones públicas en el local del movimiento social, desde las charlas con amigas a las que las protagonistas permiten que se asome el investigador hasta las críticas a miembros de sus familias. Entonces, intersección de dimensiones de diferencia y desigualdad que operan en niveles diferentes, aunque entrelazados, de formalización política de la experiencia. En este amasijo con formas inconstantes, donde diversas materias se funden, Rodrigo reconstruye condensaciones y cisuras, identifica fusiones y cristalizaciones.

Y antes de escribir, ¿cómo escuchar? Durante el proceso de investigación que el autor llevó adelante sucedió un evento menos extraño que perturbador. Una prestigiosa colega le preguntó mordazmente a Rodrigo por qué había decidido trabajar con *mujeres* migrantes. Desde una posición evaluadora y con buenas intenciones pedagógicas, la colega le señaló que, siendo él varón, todo le costaría más y era probable que muchas puertas le fueran cerradas, metafórica e incluso literalmente. Las consecuencias de seguir este tipo de sugerencias podrían haber sido devastadoras para el proyecto y pueden serlo para las ciencias sociales en general. Reviven un viejo error intelectual, político y emocional, si hubiera errores de este orden: aquel según el cual habría que *ser* obrero para entender experiencias obreras, *ser* travesti para entender experiencias travestis, *ser* mujer para entender experiencias femeninas... Está claro que esto conduciría a una suerte de epistemología improductiva del "conócete a ti mismo". Pero más allá de las discusiones extensas que podrían darse (continuar dándose) al respecto, la anécdota vale para introducir el buen ejercicio reflexivo que sustenta el libro.

Claro que no es solo el género, sino también la nacionalidad, la clase, el lugar de residencia, las credenciales educativas, la orientación sexual y otras tantas posiciones relativas las que "particularizan" al autor en un espacio social atravesado de particularidades. Calibrar cómo las propias posiciones y las de las y los protagonistas en el campo impactan en cada interacción, en las relaciones que se construyen, en los valores y creencias en juego, en las vías habilitadas para avanzar y también en las puertas metafóricamente cerradas es una consigna válida para cualquier trabajo de campo. Puede resultar bien, como es el caso del libro de Rodrigo, o no. Se trata "simplemente" de asumir el propio lugar como un lugar social y culturalmente marcado, como cualquier otro, sin olvidar que será uno mismo quien ordene, en definitiva, todo esto y todo lo demás en el texto final.

Género y nacionalidad en la cotidianidad de la política. Migrantes bolivianas en un movimiento piquetero de la ciudad de La Plata es un libro bien escrito que puede interesar a un público más amplio que el compuesto por los especialistas en sus temas. Hace aportes sustantivos al campo de estudios migratorios, en primer lugar, y también al de los movimientos sociales e, indirectamente, al de las políticas sociales. Además de académicos e investigadores, podrían aprovecharlo funcionarios y activistas, quienes estén próximos al fenómeno, que encontrarán allí un análisis y una interpretación sugerente de sus propias prácticas, y quienes estén más lejos, que conocerán un poco más de cerca un fenómeno generalmente ignorado, simplificado, tergiversado o todo eso junto en la discusión pública mediática y política. En relación con ello, por último, se trata de un libro a tiempo. En un contexto en que la cobertura social del Estado se ve, en general, amenazada, o al menos de cara a un futuro incierto, y los migrantes y procesos migratorios se encuentran regulados cada vez más y más férreamente según una lógica de la *securitización*, el policiamiento y el control excluyente, el libro permite conocer y ayuda a comprender. Y, si bien el conocimiento y la comprensión no garantizan horizontes inclusivos ni igualitaristas, son un requisito para imaginarlos.

Sergio Caggiano

Introducción

Los primeros estudios sobre las migraciones internacionales modelizaron una forma de desarrollo del movimiento poblacional. De acuerdo con el esquema que propusieron, el proceso iniciaría con jóvenes trabajadores que se trasladan a ciertos destinos por las oportunidades laborales que allí encuentran. Una vez instalados, estos pioneros propiciarían la llegada de sus esposas e hijos/as para lograr así la reunificación familiar. Con el paso del tiempo, las familias irían adaptándose progresivamente a la vida en el nuevo contexto, dejando atrás costumbres y lealtades propias de sus lugares de origen para volverse miembros plenos de las sociedades en las que residen. Motivación económica, liderazgo masculino y asimilación progresiva, entonces, son los ejes centrales del "modelo clásico" (Massey *et al.*, 2000).

Las décadas de investigación acumulada fueron transformando estas concepciones. Los supuestos sobre los aspectos que determinan la decisión de migrar, los sujetos involucrados y la propia dinámica del proceso fueron revisados. A partir del diálogo con la agenda de los colectivos feministas, el protagonismo femenino en los diferentes flujos fue puesto sobre relieve y se propuso al género como un concepto clave para comprender la movilidad poblacional (Pessar y Mahler, 2001; Pessar, 2005; Hondagneu-Sotelo, 2011). Esto no sólo implica el reconocimiento de la relevancia –en términos cuantitativos y cualitativos– de las mujeres en ciertos circuitos, sino que además supone considerar a la migración como un proceso generizado.

Desde esta perspectiva, el género –en su intersección con otros aspectos que organizan la vivencia como la clase, la raza, la etnicidad o la nacionalidad– es un factor fundamental en la conformación de los flujos migratorios entre diferentes partes del mundo. Las motivaciones individuales o grupales que inciden en el desplazamiento, las estrategias de movilidad, los ámbitos geográficos y laborales de asentamiento y los condicionamientos –económicos, políticos, legales y simbólicos– a sus posibilidades de adoptar posicionamientos ciudadanos, entre otras cuestiones, se constituyen imbricados en las limitaciones y potencialidades que definen las relaciones de género para los diferentes sujetos. La experiencia migratoria, en síntesis, se conforma atravesada por estas dimensiones que definen su dinámica: ser mujer (u hombre), agricultora (o empresaria), indígena (o blanca), boliviana (o paraguaya o argentina), etc., son atributos que se constituyen y transforman en los propios circuitos migratorios y que delimitan el marco de oportunidades y restricciones sobre el que las personas deben desplegar sus actividades.

Este libro se inscribe en la agenda de estudios que buscan profundizar la comprensión de la participación de las diferentes formas y jerarquías de poder en las dinámicas económicas, culturales y políticas que constituyen a la migración (Feldman-Bianco y Glick-Schiller, 2011). Lo hace por medio del abordaje de un caso que forma parte de un fenómeno relativamente poco explorado en las ciencias sociales argentinas: la participación de mujeres migrantes en los movimientos piqueteros que se constituyen en las periferias de las grandes y medianas ciudades del país.

Esta experiencia conecta las preguntas por la migración y sus clivajes constitutivos con la preocupación por los modos en que los/as integrantes de los sectores populares forman parte de la construcción de diversos dispositivos sociales y políticos y se convierten en agentes de diferentes conflictos por la distribución de los recursos. Es decir, indaga la inscripción de estos dispositivos en los circuitos que unen el Área Metropolitana de Buenos Aires con la región andina de Bolivia, incorporando a la nacionalidad como una dimensión relevante de su estudio.

A partir del trabajo de campo etnográfico en un comedor comunitario situado en las afueras de la ciudad de La Plata donde participaban principalmente mujeres bolivianas, buscamos comprender las dinámicas a través de las cuales ellas se integran en redes de relaciones que les permiten el acceso a distintos capitales.

El análisis de los modos en los que se traman estos vínculos nos lleva a interrogarnos sobre sus maneras de asumir la identidad boliviana y los posicionamientos de clase, fuertemente atravesadas por los sentidos de la feminidad que construyen.

Los estudios sobre la migración boliviana a la Argentina han destacado que la (re)definición del sentido de la identidad nacional frente a los discursos discriminatorios es un aspecto relevante de los procesos de incorporación en los distintos contextos de asentamiento. Centrándose especialmente en las prácticas de recreación de la identidad boliviana que emprenden diferentes asociaciones y colectivos, las investigaciones señalaron que para los/as migrantes la "experiencia de la nación" de origen supondría un modo político de ser en el espacio público del contexto de recepción, tensionado por las construcciones de la *argentinidad* y sus lógicas de reconocimiento de las alteridades. Disputar el significado de "lo boliviano", entonces, sería una de las vías fundamentales de reclamar acceso a los derechos ciudadanos y, por lo tanto, representaría un modo incipiente de ejercerlos (Butler y Spivak, 2009).

Pero ¿qué ocurre cuando nos detenemos en la vivencia de mujeres que no poseen la capacidad de protagonizar la realización de fiestas y la construcción de organizaciones étnicas? ¿Cuándo relegan su nacionalismo y en qué medida constituyen un modo específico de adscribir a su nación de origen? Recuperando el punto de vista de mujeres bolivianas que habitan un barrio de la periferia de La Plata y que, a través del comedor comunitario, forman parte de un movimiento piquetero, esta investigación busca señalar tanto los condicionamientos que operan sobre sus identificaciones como el modo en el que ellas vuelven productiva la *bolividad* en otros ámbitos de la vida.

1. El "crisol argentino" y la incorporación migrante

El estatus científico de los estudios migratorios en la Argentina se consolidó en la década de 1960, especialmente a partir de los trabajos de Gino Germani y José Luis Romero sobre la migración ultramarina de fines del siglo XIX y comienzos del XX. Enfocando en lo que consideraban el pasaje del modelo societal "tradicional" hacia el "moderno", los análisis atendieron al papel que desempeñaron las personas provenientes de Europa en las transformaciones económicas, sociales y políticas del país.

Norberto Marquiegui señala que el núcleo central de estos estudios no era la migración ni los migrantes, sino el modo en el que participaban del proceso de gestación del Estado nacional y de la inscripción de la producción local en el mercado mundial (Marquiegui, 2006).

En este contexto, un contrapunto inicia el debate académico en el que abreva el presente trabajo: en sus términos, la "sociedad argentina" era alternativamente entendida como un conglomerado "híbrido" resultante de una convivencia sin predominio entre elementos europeos y criollos (Romero, 1956), o el producto de una "fusión" entre los mismos. Para Germani, la alta tasa de masculinidad de la población migrante había representado un freno a la posibilidad de conformación de matrimonios intraétnicos, lo que, articulado con la débil base demográfica receptora, habría dado lugar a una síncresis novedosa, resultado de un entrecruzamiento de los diferentes grupos (Germani, 1968). Así, el pensador ítaloargentino proponía una particular interpretación a las ideas del "crisol de razas" ya circulares en nuestro país y en otros contextos académicos[1].

Con la amplia aceptación de las propuestas de Germani se consolidaba una primera forma de resolución del problema analítico de las configuraciones sociales y culturales que se desarrollan a partir del arribo de migrantes –nacionales y extranjeros– a distintas áreas de asentamiento. Esta perspectiva fue parte del consenso que señaló la consolidación en las primeras décadas del siglo XX de un "ser nacional" (que nacionaliza la conformación social de Buenos Aires, proyectando un sujeto) culturalmente homogéneo y étnicamente neutro, imaginario que orientó los proyectos y disputas políticas y los modos de reconocimiento de los actores (Segato, 2007), tanto como la configuración del "sentido común" con el que se concibió la nación (Caggiano, 2013).

Sin embargo, al concluir la última dictadura militar, las renovaciones teórico-metodológicas que atravesaron a las ciencias sociales en la etapa de recuperación de la democracia reactivaron las discusiones. Especialmente por medio de la introducción de la "teoría de las redes sociales" se comenzó a problematizar más profundamente la heterogeneidad social y cultural presente en

---

1. La migración limítrofe, que de acuerdo a los censos desarrollados desde 1869 ya representaba entre el dos y el tres por ciento de la población total del país, constituía una versión de aquello que Caggiano (2005) denominó "lo que no entra en el crisol".

los diversos contextos de recepción migratoria entre las últimas décadas del siglo XIX y las primeras del XX. El rol del Estado y las elites comunitarias fue puesto en consideración para dar cuenta de las dinámicas de funcionamiento social en el nivel de las interacciones cotidianas de los sujetos (Freundlich de Seefeld, 1985; Pianetto y Galliari, 1989; Otero, 1994; Devoto, 2009). De esta manera, se revisaron las diferentes hipótesis en torno a la "asimilación" e "integración" de los/as migrantes desarrolladas tanto para el "caso argentino" como para lo ocurrido en otras zonas de inmigración como Estados Unidos y Canadá.

Más allá de las divergencias, la bibliografía destaca que luego de la Primera Guerra Mundial se consolidó un proceso de homogeneización social de enorme eficacia. Fernando Devoto afirma que "un Estado con nuevos instrumentos, pero también los movimientos políticos de masas, el nacionalismo, el deporte y la cultura popular, ayudarán a la consolidación de ese objeto misterioso: los argentinos". De ese modo, "se construirá en ese tiempo una sociedad siempre heterogénea, siempre en construcción y redefinición (...) pero mucho más integrada" (Devoto, 2009: 15).

Si bien los planteos se alejaron de las perspectivas que conceptualizaban la interacción a través de la metáfora de la "fusión" con la que se fraguó la idea de "crisol de razas", desarrollando incluso el concepto de "pluralismo social" (Devoto, 2009) para concebir la zona del litoral argentino, el consenso en torno a la neutralización y/o invisibilización de los particularismos culturales y/o étnicos conllevó un relegamiento de su análisis hacia el período previo a la llamada "crisis del año '29". Recién en las últimas décadas, las preocupaciones que desarrollaron hace medio siglo Germani y Romero fueron reformuladas dando lugar a una reemergencia de la discusión sobre los modos de formación y tramitación de la alteridad en diferentes zonas de la Argentina, enfocando ahora sobre el impacto de las migraciones contemporáneas. El horizonte de reflexiones compartido con los abordajes de la cuestión indígena y la revitalización de las identidades "afro" y la negritud pareciera evidenciar el fortalecimiento de la pregunta por la "pluralidad" social y cultural en nuestras sociedades y un interés creciente por una revisión más profunda del "crisol" que actualmente conformamos.

Las convenciones internacionales incorporadas en 1994 a la Constitución Nacional –que coinciden con un proceso desarrollado en distintos países de América Latina– y la sanción de numero-

sas leyes que reconocen el derecho de los sujetos a la preserva-
ción de sus particularidades culturales, llevan a algunos autores
a plantear que asistimos a la emergencia en las últimas décadas
de un "multiculturalismo constitucional" (Briones, 2008). Estas
transformaciones en el marco jurídico nacional se entraman con
diversos procesos económicos, políticos y culturales específicos
en diversas zonas. Así, se establecen formaciones y regímenes que
organizan las posibilidades de los sujetos *otros* en sus distintos
contextos de intervención.

Asimismo, la agenda de la relación entre alteridad y nación
no es una agenda desgenerizada. Al menos desde las últimas
décadas del siglo XX las preocupaciones por la performatividad
social de categorías como raza o etnia incorporan al género y a
la clase como aspectos que se imbrican en la constitución misma de los criterios y sentidos de la pertenencia y la exclusión. En
sintonía, los estudios sobre las posibilidades del ejercicio sus-
tantivo de la ciudadanía en nuestro país para sujetos marcados
como *otros* por los sistemas de clasificación dominantes, señalan
que las mismas divergen en función del modo en que se articulan distintas dimensiones de la diferencia y la desigualdad (Jelin,
2006; Magliano, 2009, Caggiano, 2013). Ser mujer boliviana en
contextos geográficos e institucionales concretos, por ejemplo,
implica posicionamientos en esquemas de autoridad y prestigio
que inciden en la constitución de los deseos y las expectativas, y
pueden favorecer o dificultar su cumplimiento.

Siguiendo este conjunto de reflexiones, nuestro análisis parte
de los procesos de "incorporación migrante" de los que participa un grupo de mujeres de nacionalidad boliviana a partir de su
integración en un comedor comunitario situado en el barrio de
Altos de San Lorenzo, que se inscribe en la "política territorial"
de un movimiento piquetero de escala nacional. En términos
amplios, recuperando el interés por los procesos que Germani y
Romero habían caracterizado como "asimilación" e "integración",
indagamos en el universo de sentidos y prácticas que desarrollan
en diferentes ámbitos del contexto de recepción, dando cuenta
de los "límites y presiones" (Williams, 2009) que configuran sus
estrategias y adscripciones. Más específicamente, nos enfocamos
en las modalidades a través de las cuales las migrantes forman
parte de la construcción de interfaces con diversos dispositivos
sociales y políticos y se convierten en agentes de diferentes conflictos por la distribución de los recursos, enfatizando el rol que

las dimensiones de género, nacionalidad y clase juegan en dichas experiencias.

Asumimos como punto de partida epistemológico algunos de los planteos que caracterizan a los Estudios Culturales, ya que buscamos "colocar la pregunta acerca de las relaciones de poder en el centro de las preocupaciones por los modos en que los grupos sociales organizan simbólicamente la vida en común" (Grimson y Caggiano, 2010: 18). Así, salvando las distancias, procuramos inscribirnos en un marco amplio de estudios de la cultura que, siguiendo el impulso intelectual que dieron los teóricos de Birmingham, busca "comprender la intersección de mundos diferentes (Abu Lughod), los modos en que las personas participan en discursos múltiples, más o menos discrepantes (Barth), así como las sedimentaciones históricas que pueden producir clausuras culturales reales o imaginarias" (Grimson y Caggiano, 2010: 18).

Entonces, asumiendo tal perspectiva, este trabajo dialoga de modo particular con la amplia bibliografía que analiza la migración boliviana hacia nuestro país. Durante las últimas décadas la migración limítrofe ha sido el centro de estudios demográficos, económicos, sociológicos, antropológicos y políticos que, como afirman Benencia y Karasik, "han tratado de echar luz sobre el stock, el flujo y la composición de la inmigración hacia la Argentina; sobre las causas y el destino de esa inmigración en lo que hace a su inserción en los mercados de trabajo locales [y] sobre las formas en que ésta se ha hecho efectiva" (Benencia y Karasik, 1994: 261).

En este marco, este libro se propone discutir prioritariamente con aquellos estudios que atañen a los aspectos socioculturales de la inmigración y de la "recepción" por parte de la sociedad local. Nos interesan especialmente los análisis de la construcción de ámbitos comunes de práctica cultural que refuerzan las relaciones con el lugar de origen y los paisanos y posibilitan la configuración de un sentimiento de "comunidad" (Mugarza, 1985; Balán, 1990; Benencia y Karasik, 1994; Grimson, 2000; Benencia, 2000, OIM-CEMLA, 2004; Giorgis, 2004). Estos ámbitos de "sociabilidad boliviana" han sido objeto de investigaciones que destacan su relevancia en los procesos identitarios y en la consolidación de redes que habilitan el acceso a diferentes tipos de "capital" (Mugarza, 1985; Balán, 1990; Benencia y Karasik, 1994; Grimson, 1999, 2000; Caggiano, 2005 y 2013).

A su vez, diferentes estudios han dado cuenta de los procesos de auto y hetero-reconocimiento de las personas de ese país y de las disputas (no sólo) simbólicas entre diferentes discursos, imágenes y colectivos –de migrantes y miembros de la "sociedad receptora"– en la definición de los sentidos que se le asignan a las identificaciones asociadas a Bolivia (Grimson, 1999 y 2000; Gavazzo, 2004; Caggiano, 2005). En estos trabajos, la *bolivianidad* aparece como un modo de participar del espacio público, tensionado por (que se constituye frente a) las lógicas muchas veces discriminatorias de reconocimiento de las alteridades en el contexto de recepción. Por su parte, también nos interesan los trabajos que abordaron los márgenes de incorporación de demandas ligadas específicamente a la experiencia migrante –como por ejemplo la documentación– en los procesos de participación colectiva desarrollados por los denominados "movimientos de trabajadores desocupados" (Vázquez, 2005; Dodaro y Vázquez, 2008; Grimson, 2009).

Finalmente, en la Argentina en los últimos años se ha desarrollado un campo de estudios de género y migración. A través de investigaciones que destacan la feminización de los flujos que arriban a la Argentina[2] (Cerrutti, 2010), la relevancia del género en las trayectorias migratorias (Caggiano, 2003; Courtis y Pacecca, 2010; Magliano, 2007), en la inserción laboral de trabajadoras extranjeras (Cacopardo, 2004; Mallimacci Barral, 2012 y 2016; Magliano, Perissinotti y Zenklusen, 2013) y la problemática de la trata de personas (Courtis y Pacecca, 2008), se constituyó una agenda que enfoca en las particulares condiciones que atraviesan los/as migrantes en los diferentes contextos de asentamiento en nuestro país.

Entonces, nos proponemos continuar explorando la agenda intelectual que desarrollaron quienes se propusieron dar cuenta de las complejas y ambiguas relaciones que se establecen entre los regímenes significantes que organizan la alteridad y las prácticas que desarrollan los/as migrantes en su búsqueda de consolidar sus proyectos vitales en el contexto de recepción. En este sentido, siguiendo los planteos sobre la "incorporación" que hicieran Glick Schiller *et al.* (2006), nos centramos en problematizar la participación de las mujeres bolivianas en el comedor comuni-

---

2. En este sentido, también encontramos un trabajo pionero de Elizabeth Jelin (1976).

tario como una forma de construcción y fortalecimiento de redes que posibilitan el acceso a determinados recursos. Pero antes de adentrarnos en mayores precisiones conceptuales, demos algunas pistas del referente empírico a partir del cual desarrollamos nuestro análisis.

2. El movimiento, el barrio y el trabajo de campo

Nuestro trabajo de campo se desarrolló entre los años 2010 y 2012 en un comedor comunitario situado en el barrio de Altos de San Lorenzo, que en ese período se inscribía en el marco de la "política territorial" de un movimiento piquetero[3]. Este colectivo había surgido en 2004 conformándose como una expresión organizativa multisectorial: si bien le otorgaba un peso decisivo a las organizaciones territoriales urbanas, conocidas como Movimientos de Trabajadores Desocupados (MTD), también incorporaba agrupaciones estudiantiles, sindicales y ambientales, manifestaciones culturales, rurales, espacios de jóvenes, de mujeres y de intelectuales. Esta organización, que se definía como "popular, antiimperialista y anticapitalista", tenía presencia en cinco provincias del país y vínculos con movimientos, partidos y sindicatos de diferentes países sudamericanos.

Desde el punto de vista de su estructuración interna, se organizaba a partir de "regionales" que agrupaban a los distintos colectivos que confluían en el movimiento en un determinado territorio. A su vez, cada "regional" contenía diferentes "sectores" que variaban su relevancia en función de la configuración política específica de cada zona. En la "Regional La Plata, Berisso y Ensenada", que contenía al comedor comunitario donde participaban las migrantes bolivianas, los sectores principales eran el "estudiantil", que integraban agrupaciones de numerosas facultades de la Universidad Nacional de La Plata, algunas de las cuales conducían sus respectivos centros de estudiantes en el marco de alianzas con otras fuerzas, y el "territorial", que nucleaba ocho comedores comunitarios en diferentes barrios periféricos de la ciudad de La Plata, dos en Berisso y otro en la localidad de Ense-

---

3. En los últimos años este movimiento sufrió una ruptura que transformó fuertemente su constitución. El comedor comunitario, al igual que la mayoría de los espacios que conformaban al "Sector territorial", permanecieron en la organización, mientras que muchas de las agrupaciones de los otros sectores se escindieron.

nada. A su vez, el "Sector ocupados" tenía cierto desarrollo por medio de una agrupación sindical con expresión en los gremios docentes y estatales, mientras que también se realizaban algunas actividades del "Sector de género".

La toma de decisiones se ejecutaba por lo que denominaban la "democracia de base". Se trataba de un sistema piramidal de asambleas conectadas, a partir de las cuales la información y las resoluciones desarrollaban un movimiento vertical y horizontal en todas direcciones. Cada agrupación específica –el comedor es una de ellas– tenía sus propias reuniones y discusiones. A su vez, enviaba delegados/as a las asambleas de su "sector" y a las asambleas generales de la "regional". De esta manera, las propuestas podían surgir de las "agrupaciones de base" o de los espacios superiores, pero para poder aprobarse debían contar con el consenso de todas las instancias implicadas.

El "Sector territorial" incluía principalmente comedores comunitarios y era el que gestionaba los cupos a diferentes programas de política social y laboral a los que el movimiento accedía a través de la construcción de tensos y complejos vínculos con diferentes organismos estatales. Los "grupos de trabajo" que se formaban a partir de estos cupos enviaban delegados/as a una asamblea que los nucleaba: los/as integrantes del comedor de Altos de San Lorenzo la llamaban la "asamblea de delegados".

El movimiento reivindicaba la acción directa de los sectores sociales oprimidos cuyo objetivo es "arrancarle" recursos al Estado y al "sistema", recursos considerados como "conquistas" de la organización popular. En sintonía, la actividad política –especialmente del "Sector territorial"– se desarrollaba incorporando manifestaciones que el colectivo protagonizaba muchas veces junto con otras organizaciones de la región. De esta manera, las marchas a través de las calles de las ciudades de La Plata y Buenos Aires y las protestas frente a diferentes edificios públicos municipales, provinciales y nacionales representaban un ejercicio cotidiano de las personas que integraban el espacio. Del mismo modo, los viajes colectivos por medio del transporte público automotor, el Ferrocarril Roca y el subte de la Ciudad Autónoma de Buenos Aires eran parte de la práctica "militante" de quienes se sumaban al movimiento.

Desde el punto de vista de su configuración patrimonial, a los fines de este trabajo es relevante destacar que la organización contaba con un local céntrico[4] en el casco urbano de la ciudad, en donde se realizaban numerosas actividades políticas y culturales generalmente protagonizadas por "militantes[5]" y se desarrollaban algunos emprendimientos productivos. Por su parte, en Altos de San Lorenzo, además del mencionado comedor comunitario, se constituyeron dos huertas donde cumplían tareas dos cuadrillas de trabajadoras que se inscribían en el marco del Programa Argentina Trabaja[6]: una de ellas se encontraba detrás del comedor, mientras que la otra estaba ubicada a dos cuadras del mismo.

Según los testimonios de los/as "militantes" de la organización, ésta era la experiencia "territorial" numéricamente más importante de la "Regional", ya que contaba con una asistencia promedio a sus asambleas de alrededor de cincuenta personas, y cerca de cien personas en total estaban involucradas en el espacio. A su vez, una de sus principales características es la presencia masiva de migrantes bolivianas, que representan casi la totalidad de las integrantes.

Mientras que lo que podemos denominar la "zona de influencia" del comedor se circunscribe a un perímetro de unas cinco cuadras en torno al mismo (ninguna de las mujeres que asiste al espacio vive más allá de éstos límites), Altos de San Lorenzo es uno de los barrios más grandes y poblados de la periferia de la ciudad[7]. Este centro comunal es una unidad territorial adminis-

---

4. Se trata de un edificio ocupado a comienzos de la década de 2000, tras un largo proceso de luchas en torno a su "expropiación" y reconocimiento oficial como "centro cultural" que aún continúa.

5. La diferenciación entre "militantes" y "compañeros/as de base" es una clasificación nativa, desarrollada especialmente por los/as primeros/as. En este comedor particular, asistían periódicamente como "militantes" su principal referente, un docente de aproximadamente 40 años y cuatro jóvenes, todos/as ellos/as estudiantes universitarios/as.

6. Este programa fue creado en 2009, destinado a personas sin ingresos formales en el grupo familiar, sin prestaciones de pensiones o jubilaciones nacionales ni otros planes sociales, a excepción del Plan Nacional de Seguridad Alimentaria. Su implementación se cogestiona entre el Ministerio de Desarrollo Social y diferentes entes ejecutores (municipios, provincias, federaciones y/o mutuales), a través del Instituto Nacional de Asociativismo y Economía Social (INAES). Las principales actividades que contemplaba durante el trabajo de campo eran la formación y capacitación de cooperativas, las cuales tienen a su cargo la ejecución de obras públicas locales que demandan mano de obra intensiva (Ministerio de Desarrollo Social de la Nación, 2013).

7. Elegimos mencionar la zona con la denominación genérica de "Altos de San Lorenzo" (dentro del mismo otros sub-barrios también poseen nominaciones específicas) para evitar identificar a nuestras fuentes.

trativa creada en 1992 por la Municipalidad de La Plata, que se extiende entre las calles 72 y 637 y 13 y 137 exceptuando las hectáreas que ocupa el aeropuerto. La zona se encuentra al sudeste del casco fundacional de la ciudad y es el sector de la periferia urbana consolidado de manera más tardía: se localiza en el extremo opuesto al área con mayor desarrollo de la capital bonaerense, representada por el eje La Plata-Buenos Aires (Segura, 2011).

Comenzó a poblarse a partir de la década de 1940, fundamentalmente por empleados del ferrocarril (hasta la década de 1970 en las calles 72 y 17 funcionó la Estación Central del Ferrocarril Provincial), trabajadores de los frigoríficos de Berisso y diversos cuentapropistas. Sin embargo, la crisis económica y el desmantelamiento de este servicio produjeron su estancamiento, que comenzó a revertirse en los años 1990 cuando "su población y su entramado urbano se expandieron, fundamentalmente por la creación de asentamientos y barrios precarios" (Segura, 2011: 87).

Esta extensa zona posee un entramado heterogéneo en el que las condiciones económicas, habitacionales y urbanas desmejoran a medida que nos alejamos del casco urbano de la ciudad. A pesar de esta característica y de la relativamente reciente consolidación administrativa del espacio, rápidamente la denominación "Altos de San Lorenzo" fue adoptada como nombre del "barrio" (Segura, 2011).

En la zona conviven numerosas organizaciones políticas y sociales que definen espacios con diferentes densidades organizacionales. El área específica donde se emplaza el comedor cuenta con la presencia de varios de los denominados "movimientos piqueteros" así como con "unidades básicas" de diferentes corrientes internas del Partido Justicialista.

Allí efectuamos una parte importante de nuestro trabajo de campo entre abril de 2010 y marzo de 2012. Durante este período realizamos observaciones participantes en las asambleas semanales y en las huertas que posee la organización en el barrio, donde compartimos jornadas laborales con las dos cuadrillas de trabajadoras que se desempeñan en el lugar. A su vez, mantuvimos entrevistas con quince mujeres bolivianas y con cuatro "militantes" de la organización que realizan tareas de coordinación del espacio y desarrollan esporádicamente "jornadas de formación".

Nuestro trabajo de campo también implicó la participación en numerosas manifestaciones en las que intervinieron las migrantes del comedor. Asistimos a marchas, cortes de calles y autopistas y protestas frente a edificios de diferentes instituciones municipales, provinciales y nacionales en La Plata y Capital Federal. También asistimos a las fiestas patronales de San Severino y de la Virgen de Copacabana, que se realizan en Altos de San Lorenzo y en diferentes barrios de la ciudad los días 28 de noviembre la primera y los dos primeros fines de semana de agosto la segunda.

En el diálogo continuado con los/as participantes del comedor, fueron emergiendo los elementos fundamentales que constituyen este libro. Nuestro interés original estuvo orientado en reconocer las redes de relaciones que intervinieron en sus dinámicas migratorias y las conectaron con el movimiento, pero la presencia en el campo nos permitió redimensionarlas para comprender su importancia en sus modos de vivir su adscripción nacional y sus relaciones de género. Las peleas con los maridos y la relevancia de los grupos de "amigas" aparecían con recurrencia en sus relatos y nos motivaron a indagar estos aspectos con mayor profundidad.

Las distancias con un observador joven, blanco y universitario no impidieron el diálogo sobre estos tópicos. No, al menos, luego de la presencia recurrente durante las asambleas y marchas y, especialmente, a partir de la asistencia a las jornadas de trabajo de las cuadrillas. Los chistes –en los que se le atribuían intenciones amorosas con las "militantes"– y los malentendidos –en los que se lo confundía con un "militante" y/o con un integrante de un proyecto de huerta orgánica que se ejecutaba en el barrio– evidencian que estos temas formaban parte de sus conversaciones con sujetos que atravesaban el espacio. El observador no se diferenciaba demasiado de otros integrantes del movimiento, salvo quizás por su mayor insistencia en cuestiones aparentemente banales.

El diálogo etnográfico implica la articulación de la reflexividad del investigador en tanto ser académico, la reflexividad del investigador en tanto ciudadano y las reflexividades de los sujetos de estudio (Guber, 2001). En las situaciones de interacción y de participación, se establecen los tiempos de esa articulación y los procesos de reconocimiento e identificación de esas diversas reflexividades. En este sentido, aspectos de la experiencia de los sujetos de estudio quedan por fuera de la investigación porque no son objeto de las interacciones que se mantienen con los/as observadores/as o por quedar desplazados de sus intereses analíticos o de su capacidad de escucha. La crianza de los/as hijos/as, por ejemplo, es un elemento que emergía con relativa recurrencia en el discurso de las mujeres bolivianas pero que no fue profundizado lo suficiente en los diálogos de campo. Como decíamos, un (joven) observador percibe lo que sus propias vivencias – académicas, pero también vitales– le permiten configurar como significativo.

3. Los contextos institucionales de la "incorporación migrante"

En el estudio de la "incorporación migrante" diversas perspectivas enfatizan alternativamente los marcos regulatorios o el accionar de los sujetos como aspectos que delimitan las áreas de análisis y las claves heurísticas de los procesos considerados. Priorizando la indagación de los condicionamientos estructurales o de las capacidades de los actores como modos de acercamiento a la problemática, los distintos enfoques buscan articular diferentes dimensiones de las dinámicas de integración.

En su estudio de los "regímenes de incorporación" en las democracias occidentales, Gary Freeman concibe a la incorporación como resultado de la intersección entre las aspiraciones y estrategias de los/as migrantes y los condicionamientos que impone la sociedad receptora (Freeman, 2006: 131). Desde esta perspectiva, la experiencia de los individuos y los grupos se desarrolla enmarcada por las "estructuras de incentivos" que definen el mercado, las políticas públicas y la cultura de destino (Freeman, 2006: 136). De esta manera, propone iniciar el análisis dando cuenta de los "marcos regulatorios" para luego indagar en los procesos de agenciamiento que, en estos contextos específicos, desarrollan los sujetos.

Este autor plantea que los Estados considerados en su trabajo (por medio de una extensa revisión bibliográfica abarca Alemania, Austria, Suiza, Francia, Gran Bretaña, los Países Bajos, Estados Unidos, Canadá, Australia y Suecia) no cuentan con un conjunto de políticas y mecanismos de integración coherentes. Por el contrario, afirma la existencia de campos sociales con regulaciones, instituciones y prácticas desarticuladas, multifacéticas y escasamente relacionadas entre sí que definen los espacios de tensiones en los que actúan los/as migrantes. En este sentido, destaca la naturaleza dual –"en parte deliberada y en parte accidental"– de los marcos de incorporación: "aunque en algunos países es posible encontrar mecanismos característicos de integración, éstos no pueden ser

etiquetados como modelos nacionales porque no representan opciones deliberadas y conscientes, sino que son más bien una conse-
cuencia no prevista de marcos parciales escasamente coordinados,
si acaso llegan a estarlo" (Freeman, 2006: 132).

Freeman advierte que los Estados cuentan con un conjunto
complejo de marcos regulatorios que "no hacen más que crear estructuras de incentivos (oportunidad) tanto para los inmigrantes
como para los nativos". Su propuesta es que "estos marcos, vistos
en conjunto, constituyen los esquemas de incorporación de las
democracias occidentales" (Freeman, 2006: 148).

Por otro lado, Glick Schiller *et al.* toman como punto de partida para el análisis de la "incorporación migrante" la experiencia
de los sujetos, las redes que ellos forman y los campos sociales
creados por estas redes. De esta manera, proponen desarrollar
la indagación a partir de considerar a los individuos y sus diferentes acciones y relaciones. Al mismo tiempo, estas autoras presentan el concepto de "modo de incorporación" con el que buscan
dar cuenta del impacto de las estructuras sociales y las fuerzas
globales en la formación de los campos sociales (Glick Schiller *et
al.*, 2006: 614). Así, entienden que, en la formulación de los procesos de incorporación concretos, las estrategias y experiencias
de los/as migrantes se desarrollan insertas en intersecciones
complejas con las diferentes fuerzas sociales que delimitan los
entramados relacionales de los que participan.

De este modo, partiendo del análisis del accionar de los sujetos o del conjunto de regulaciones sobre el que deben conformar su intervención, la bibliografía propone dar cuenta de las
dinámicas de interrelación entre estos aspectos de la vida social.
Como lo evidencia el trabajo de Freeman, los marcos estructurales que contextualizan las acciones de los sujetos resultan de
condicionamientos y legalidades múltiples, que dificultan su conceptualización como "regímenes nacionales". En sintonía con estos hallazgos, Elizabeth Jelin encontraba para el caso argentino
que "por parte del Estado no hay un discurso único o coherente,
sino que distintas instancias y en distintos momentos se orientan
de manera más abierta o cerrada frente a los migrantes" (Jelin,
2006: 66). En este sentido, consideramos que para evitar presuponer las trayectorias de los individuos y los grupos, es necesario reconstruir el conjunto de fuerzas que tensionan, delimitan y
presionan sus prácticas a partir de situar la mirada en el devenir
de sus experiencias concretas.

Sin embargo, asumiendo la diferencia cualitativa entre las premisas metodológicas que guían las investigaciones y la lógica de la divulgación de sus resultados, comenzaremos en esta introducción por describir el conjunto de procesos que enmarcan –como si se tratara de "estructuras de incentivos"– la emergencia de la "vía de incorporación" que consideramos representa el comedor comunitario para las mujeres bolivianas de Altos de San Lorenzo. De esta manera, en los capítulos siguientes podremos detenernos en los procesos de interacción específicos que desarrollan las mujeres, a partir de los cuales es posible examinar "las jerarquías de las diferentes formas de poder y [a] los migrantes como actores sociales que son formados, al tiempo que participan en esos ámbitos de poder" (Feldman-Bianco y Glick Schiller, 2011: 38).

3.1. Transformaciones en el régimen de ciudadanía/nacionalidad

En las últimas décadas una serie de procesos nacionales e internacionales han transformado las relaciones entre ciudadanía y nacionalidad en nuestro país.

En primer lugar, es necesario destacar que distintas agencias y organismos internacionales han promovido el reconocimiento de un nuevo concepto de derechos y de ciudadanía de carácter global, ligado a la desterritorialización de su vigencia y a la trasnacionalización de su control (Jelin, 2006: 53). A su vez, en el marco del conjunto de procesos caracterizados como "globalización", se han incorporado a los históricos reclamos de igualdad entre los seres humanos demandas vinculadas al concepto moderno de "identidad". Así asistimos a la emergencia de la política de la diferencia "que lleva a que cada persona o grupo deba ser reconocido por su identidad 'única'" (Jelin, 2006: 55), transformando el campo de los derechos civiles y culturales y su relación con el concepto de nacionalidad.

En la Argentina, los debates en torno a la política de la diferencia y la cuestión migratoria comenzaron a desarrollarse a partir de una profunda transformación en la relación entre Estado y sociedad ocurrida luego de la última dictadura militar. Si bien la problemática migrante no era una prioridad gubernamental, su inscripción en el marco de los Derechos Humanos comenzó a posibilitar su incorporación paulatina en la agenda de los espacios estatales (Jelin, 2006: 59).

En esta dirección, los debates en torno a las políticas migratorias se inscribieron en un universo de sentidos que articula Derechos Humanos y "políticas de la diferencia" y se actualizó con la creación y desarrollo de procesos de integración regionales. En el caso específico del cono sur, los acuerdos supranacionales "contienen compromisos explícitos que propician la conformación de una ciudadanía comunitaria, exigiendo políticas migratorias más abiertas y flexibles" (Novick, 2011: 118).

Así, en el año 2003 se derogó la ley 22.439 (conocida como Ley Videla) que se enmarcaba en una extensa y diversa tradición de políticas estatales restrictivas hacia los/as inmigrantes. La ley de Migraciones (Nº 25.871) que la sustituyó implicó un cambio significativo en la manera de aproximarse al fenómeno, ya que adopta una perspectiva que reconoce a los/as migrantes como "sujetos de derecho" (Domenech, 2007; Vichich, 2005). Como destacan diversos autores, la ley "contempla específicamente cuestiones relativas a la integración social, económica (especialmente laboral), política y cultural de los migrantes" (Domenech, 2007: 7).

Esta normativa fue valorada por las organizaciones de migrantes y por grupos de defensa de los Derechos Humanos, quienes tuvieron cierta influencia para que el proyecto presentado por el diputado Ruben Giustiniani fuera aprobado por ambas cámaras legislativas (Halpern, 2009: 66). En concordancia con las demandas de estos actores, la ley establece acciones que facilitan la admisión, el ingreso y la permanencia de los/as migrantes a servicios sociales básicos como salud, educación, justicia, trabajo y seguridad social.

Paralelamente a su sanción, el Ministerio del Interior tomó una serie de medidas que limitaron algunas de las políticas que sustentaban el paradigma que la norma venía a derogar. Mediante la Resolución 310/03 se suspendieron las expulsiones del país de aquellos nacionales de los Estados parte del Mercosur, Bolivia y Chile y, a través de la Resolución 345/03, se otorgó "residencia temporaria por un año (prorrogable por igual período) hasta tanto entr[ara] en vigencia el Acuerdo sobre Residencia para los Nacionales de los Estados Partes del Mercosur, Bolivia y Chile" (Halpern, 2009: 67).

A su vez, a partir del año 2006 comenzó a implementarse el Programa Nacional de Normalización Documentaria Migratoria "Patria Grande", "cuyo objetivo [era] la regularización de la situación migratoria y la inserción e integración de los extranjeros residentes en forma irregular en el país" (Dirección Nacional de Migraciones, 2010: 2), focalizándose en aquellos provenientes del Mercosur.

De esta manera, 423.697 personas se inscribieron en el Programa, otorgándose 98.539 radicaciones permanentes y 126.385 radicaciones temporarias. Más allá de los innegables avances de estas novedosas políticas, resulta significativo que 187.789 personas inscriptas "no completaron la documentación requerida para el trámite de regularización" (Dirección Nacional de Migraciones, 2010: 8). Esta elevada cantidad expresa, sin duda, una advertencia sobre las limitaciones que, a pesar del funcionamiento del programa, se les presentaban a los/as migrantes limítrofes en su proceso de regularización jurídica.

En este sentido, Eduardo Domenech advierte que, a pesar de que el discurso oficial incorporó elementos del modelo pluralista o multiculturalista, que caracterizan el paradigma de la ampliación de la membresía y los derechos promovido por las agencias internacionales, las concepciones asimilacionistas mantuvieron su vigencia en diversas áreas de la política oficial debido a la permanencia de lo que este autor denominó la "ideología de la asimilación" (Domenech, 2007: 3). Domenech afirma que el reconocimiento de derechos y el establecimiento de acciones que facilitan la admisión contempladas en la ley no implican, necesariamente, el definitivo desplazamiento de nociones y prácticas asimilacionistas desarrolladas por actores estatales y civiles de modo formal o informal. De esta manera, la continuidad de esta ideología conecta con las dificultades para la obtención de documentación por parte de los/as migrantes aun cuando la formulación de estas leyes y programas permitía suponer una reformulación en las relaciones entre ciudadanía y nacionalidad en nuestro país. Independientemente de la posición que se adopte en este debate, es indudable que el paradigma de derechos ganó protagonismo en la política migratoria en los primeros años del siglo XXI durante los gobiernos de Néstor Kirchner y Cristina Fernández, pero que concepciones asimilacionistas y de seguridad mantuvieron su vigencia en diferentes prácticas institucionales y marcos normativos.

Por lo demás, el cambio de gobierno ocurrido en 2015 parece tensionar aún más estos avances. En los últimos años, ante diversas medidas gubernamentales que manifiestan un nuevo cambio de paradigma en un sentido claramente persecutorio de la diferencia, se desarrolla un proceso de movilización en defensa de los derechos de los/as migrantes protagonizado por diversas organizaciones. Estas movilizaciones evidencian que la dinámica de las relaciones entre ciudadanía y nacionalidad está lejos de cristalizar en un sentido progresivo (Gil Araujo, 2017; Penchaszadeh y Condori Mamani, 2017).

3.2. Reformulaciones en las políticas públicas y la acción colectiva

Otro aspecto fundamental que compone el contexto en el que emerge la experiencia abordada lo constituye el tipo de políticas sociales implementadas en las últimas décadas tanto a nivel nacional como provincial.

En consonancia con las recomendaciones de distintos organismos internacionales, entre fines de la década de 1980 y comienzos de los años 1990 se asumió la focalización de los recursos públicos como la forma más atinada para atender problemas tales como la desocupación, la informalización laboral y la pobreza. En este sentido, Maristella Svampa recuerda que "los primeros ensayos de asistencia alimentaria de los años ochenta fueron seguidos por una política más sistemática de ayuda social, que incluía la salud y la infancia" (Svampa, 2005: 184).

Hacia 1997 el "nuevo modelo de gestión neoliberal" (Svampa, 2005) contaba con un dispositivo de políticas focales que llegaron a integrar a una población promedio mensual beneficiaria de 125.000 personas en todo el país. Al mismo tiempo, aproximadamente 95.000 personas accedían a un seguro al desempleo que completaba la batería de medidas tomadas para responder a la creciente inestabilidad del mercado de trabajo. Sin embargo, este conjunto de programas se restringió a un porcentaje reducido del total de desocupados/as: sólo el 13,7% de los/as mismos/as era beneficiario/a de un plan o contaba con algún tipo de seguro (Cerrutti y Grimson, 2003).

En el año 2002, como respuesta a la creciente conflictividad social que caracterizó el período, estas políticas focalizadas en el desempleo tuvieron un desarrollo exponencial con la creación del "Programa Jefas y Jefes de Hogar Desocupados". Por primera vez en décadas el Estado desarrollaba una política social de amplio alcance que brindaba un ingreso mensual mínimo en contraprestación de diversas actividades productivas, comunitarias o de formación. Cerrutti y Grimson destacan la cobertura del Programa al afirmar que "si durante los últimos años de los noventa y hasta el 2002 el número promedio de beneficiarios mensuales de los programas de empleo de características similares al Plan Jefas y Jefes era de alrededor de 100.000 personas, con la puesta en práctica del plan dicho número aumentó a 1.400.000 personas en 2002 y a 2.300.000 en marzo de 2003" (Cerruti y Grimson, 2003: 21).

El aumento progresivo de los planes durante las décadas de 1990 y 2000, conjuntamente con la reformulación en las formas de redistribución de los beneficios, redefinieron las estructuras y dispositivos de asistencia a los que podían acceder las personas. La descentralización del rol del Estado que caracterizó al neoliberalismo se sostuvo por medio del desarrollo de un esquema doble de circulación de los recursos: por un lado, a través de las redes de referentes territoriales del gobernante Partido Justicialista, que alcanzaron un importante fortalecimiento por medio de la creación de mediadoras barriales –llamadas "manzaneras"– para la implementación del Plan Vida (Auyero, 1997). Por el otro, atendiendo a las sugerencias de las agencias de financiamiento internacionales, se alentó la presencia progresiva de distintas organizaciones civiles que, administrando generalmente recursos públicos, se convirtieron en agentes relevantes del abordaje de las problemáticas sociales en diferentes distritos del país (Wyczykier, 2006).

Asimismo, las transformaciones en las lógicas de gestión de las políticas sociales se desarrollaron contemporáneamente con una serie de procesos de movilización colectiva que, para comienzos de la década de 2000, dieron surgimiento en las periferias de las grandes y medianas ciudades del país a un nuevo sujeto social: los "piqueteros". Este "movimiento de movimientos" (Svampa y Pereyra, 2003), que adquirió la citada denominación (muchas veces resistida por los actores) luego de los cortes de ruta realizados en la región patagónica por ex empleados de la petrolera YPF en la segunda mitad de los años noventa, ha sido estudiado por numerosos analistas.

Svampa y Pereyra (2003) conectan su surgimiento en el conurbano bonaerense con el desarrollo previo de numerosas organizaciones en los barrios populares del Gran Buenos Aires, fuertemente vinculadas a las "tomas de tierra" ocurridas desde finales de la última dictadura militar. Sin embargo, el agravamiento de las condiciones de vida producido en las últimas décadas, conjuntamente con una mayor intervención de activistas de izquierda, habrían redefinido la conformación de estas organizaciones que establecieron un "escenario de confrontación y, a su vez, de reconocimiento y negociación, con los punteros barriales del Partido Justicialista y las nuevas estructuras de gestión del Estado" (Svampa, 2006: 193).

Denis Merklen, por su parte, ubica la emergencia de estas nuevas modalidades de acción colectiva en un proceso de más larga duración que caracteriza en dos momentos. En primer lugar, el autor identifica una creciente desafiliación del mundo laboral formal de los sectores populares y un distanciamiento del entramado institucional que garantizaba la satisfacción de los derechos sociales de los sujetos, iniciado en la segunda mitad de la década de 1970. En un segundo momento, lógica y cronológicamente posterior, Merklen ubica un "repliegue hacia el barrio" de estos sectores crecientemente desafiliados. Así, por medio de la "inscripción territorial" de sus relaciones, las clases populares habrían encontrado algunos de los reaseguros perdidos (Merklen, 2000 y 2005).

Esta concepción ha recibido diversas críticas que señalan que no es posible pensar las relaciones locales como ajenas a las tramas relacionales y simbólicas que integran diversas agencias públicas y privadas. De acuerdo con esta perspectiva, "además de la sociabilidad barrial, intervienen allí los procesos de anclaje territorial de los partidos políticos, grupos militantes y políticas públicas de 'combate a la pobreza' expresados en parte por el florecimiento de distintas estructuras político-territoriales y la proliferación de proyectos de empoderamiento comunitario financiados con recursos de entidades estatales y supranacionales" (Pinedo, 2009: 35). Entonces, lo local sería el epicentro de configuraciones sociopolíticas entrelazadas y no un espacio relativamente autónomo de la sociedad mayor.

En todo caso, existe cierto consenso en que la demanda colectiva de planes de empleo se desarrolló en lo que Manzano (2007) llamó "una trama sociopolítica de la desocupación" en la cual se legitimaron las tomas de tierra y los cortes de calles y rutas como medidas para reclamar frente al Estado.

De esta manera, los denominados "movimientos piqueteros", en un contexto de creciente exclusión y de desarticulación de los actores sindicales, constituyeron buena parte de las redes sociales locales que presionaron por acceder por distintas vías a los recursos del Estado y sirvieron como base sobre la que se despegaron crecientemente las mencionadas políticas focalizadas. Así, este tipo de actores comenzó a ganar preponderancia en la morfología institucional/organizacional de numerosos "barrios" (Merklen, 2000; Auyero, 2000; Cerruti y Grimson, 2003; Svampa y Pereyra, 2003; Svampa, 2005; Ferraudi Curto, 2009; Grimson, 2009).

3.3. Mujeres migrantes y mercado de trabajo

Otro de los factores claves en la "incorporación migrante" es el modo en el que las personas se insertan en el mercado de trabajo. Para el caso de las mujeres bolivianas en la región del AMBA, los estudios las sitúan en la producción y comercialización frutihortícola y textil, así como en el servicio doméstico. Sin embargo, a pesar de registrarse en los últimos años una tendencia a la feminización de la migración desde Bolivia[8], lo que evidenciaría un incremento en la propensión de las mujeres bolivianas a emigrar (Cerrutti, 2010: 36) probablemente vinculada a sus posibilidades de inserción laboral, aún los/as especialistas caracterizan el proceso migratorio como prioritariamente "familiar", destacando las responsabilidades domésticas y de cuidado que asumirían en sus hogares.

Fuera del hogar unas pocas logran insertarse como trabajadoras domésticas (Magliano, Perissinotti y Zenklusen, 2013), aunque muchas de ellas realizan tareas de cocineras y cuidadoras en los talleres textiles. En estos ámbitos también se insertan como costureras, manejando las máquinas del taller. Caggiano menciona que, en ocasiones, los miembros de una pareja o matrimonio que han empezado trabajando como costureros tienen la posibilidad de montar su propia empresa. Según este autor, "comienzan generalmente con un taller pequeño, que emplea mano de obra reclutada en círculos cercanos (familiares, vecinos, paisanos), y pueden llegar a talleres medianos e incluso grandes" (Caggiano, 2012: 66). Asimismo, algunas mujeres trabajan como empleadas de comercio (generalmente propiedad de paisanas/os) o como comerciantes en negocios de dimensiones muy diversas.

---

8. "Si en 1980 por cada cien varones bolivianos residentes en la Argentina había 81 mujeres, en el año 2001 dicho número asciende a 99, es decir que prácticamente las mujeres pasan a equiparar a los varones. La tendencia a la feminización parece haber continuado, ya que entre quienes arribaron más recientemente, entre 1996 y 2001, el número relativo de mujeres por cada cien varones asciende a 109" (Cerrutti, 2010: 36).

Por su parte, ya en la década de 1980 Jorge Balán observaba una dinámica de "reducción de la autonomía" de las mujeres bolivianas en el Área Metropolitana de Buenos Aires. En sus análisis constataba que tanto las condiciones del mercado de trabajo en destino como ciertas características culturales como la responsabilidad femenina sobre los cuidados domésticos (compartida con la sociedad receptora) operaban como restrictivos de las oportunidades laborales a las que accedían las migrantes de esa nacionalidad en Capital Federal y el Gran Buenos Aires (Balán, 1990).

A pesar del paso del tiempo, algunos aspectos del análisis de Balán aún resultan explicativos de las experiencias relevadas en nuestro trabajo de campo. Muchas de nuestras entrevistadas, que participaban de la comercialización de diferentes productos en las ferias cochabambinas, recorriendo periódicamente largos trayectos geográficos, al migrar a la Argentina vieron circunscribirse sus posibilidades laborales a áreas relativamente cercanas a su hogar, debido a su necesidad de no descuidar sus tareas domésticas[9]. Trabajos recientes como los de Mallimacci (2012) también destacan las limitaciones en las posibilidades de inserción laboral de las mujeres bolivianas, lo que no implica su incapacidad para desarrollar nuevas alternativas: ella destaca la producción de diversas actividades –económicas, pero también sociales y festivas– fundamentales en la conformación de la "colectividad" en Ushuaia.

De esta manera, tanto la territorialización de las relaciones de los sectores populares urbanos como la división sexual del trabajo hogareño explicarían la reducción del marco de posibilidades laborales accesibles para estas mujeres.

3.4. Regímenes de visibilización étnicos

Dejamos para el final de esta introducción la revisión de un aspecto de indudable relevancia para el análisis de los procesos de "incorporación". La bibliografía sobre migración boliviana a la Argentina permite identificar algunos elementos fundamentales de la categoría genérica "cultura" que aparece en el planteo de Freeman como uno de los marcos regulatorios que condicionan las estrategias de "incorporación" de las personas. Dentro de este

---

9. La desestructuración (y reestructuración) de los lazos familiares que acarrea la migración es un elemento ineludible de esta "limitación de la autonomía" de las mujeres (Balán, 1990).

abanico de trabajos nos interesa revisar aquellos que nos permiten indagar el impacto en estos procesos de lo que Alejandro Grimson llamó los "regímenes de visibilización étnicos" (Grimson, 2003, 2006, 2009).

Este planteo, explícitamente deudor del reconocimiento de "formaciones nacionales de diversidad" que desarrollara Segato (1998 y 2007), supone que los Estados construyen marcos interpretativos nacionales dentro de los cuales adquieren significado las diferentes categorías sociales. Así se regularían los modos de ser *otro* en la nación, delimitando las posibilidades de adscripción identitarias de, por ejemplo, los grupos migratorios (Grimson, 2003, 2006, 2009).

En este marco, Grimson plantea que hacia finales de la década de 1990 se habría producido una transformación de las modalidades de identificación política en la Argentina, al desarrollarse un proceso de creciente etnización de la acción pública y la organización social. De esta manera, identifica un cambio en el "régimen de visibilidad de la etnicidad", al pasar de una situación de invisibilización de la "diversidad" a una "hipervisibilización de las diferencias" (Grimson, 2003, 2006).

Sin embargo, según este planteo, a partir de la crisis de 2001 se produjo un cambio. Lo que el autor llamó la "tendencia a la etnización", que "implicaba una creciente organización social de los migrantes limítrofes en cuanto tales y el desarrollo de reclamos desde un cierto corporativismo étnico" (Grimson, 2003: 144), se habría revertido. La crisis habría provocado un reflujo ya que los reclamos más acuciantes de comida y trabajo terminaron asociados a la propia viabilidad de un "proyecto nacional", dificultando la emergencia de demandas desde posiciones particularistas.

Aclarando la existencia de una "equivalencia entre las personas", es decir, la incorporación de migrantes a las organizaciones de desocupados, el autor destaca que a partir de la crisis "la demanda de trabajo reordena y subordina todas las demandas, pero no ingresa en una cadena de equivalencias con la demanda de documentos, de escrituración de las casas, de legalización" (Grimson, 2009: 244). Para decirlo en los términos de Nancy Fraser, la ecuación entre demandas particularistas y demandas de igualdad se habría inclinado hacia estas últimas (Fraser, 1997).

Visto desde esta perspectiva, las posibilidades de formación de "vías de incorporación" migrante a través de organizaciones marcadas étnicamente habrían sufrido durante la década de 2000 serias limitaciones en la totalidad del territorio nacional. Su legitimidad operativa se habría restringido a cuestiones vinculadas a la tramitación de documentación y la defensa y promoción de aspectos culturales.

Sin embargo, otros autores destacan una influencia política creciente de organizaciones "de bolivianos/as" en ámbitos específicos del campo político de –al menos– la zona noroeste del conurbano bonaerense. Roberto Benencia y Cynthia Pizarro han estudiado la inserción de migrantes de esa nacionalidad en la producción frutihortícola y el desarrollo de potentes asociaciones en torno a las cuales se nuclean muchos/as de ellos/as (Pizarro, 2009; Benencia, 2011). Estos autores señalan que, conjuntamente con el aumento de la relevancia económica de este tipo de actividad, cooperativas de productores integradas principalmente por personas nacidas en Bolivia y marcadas étnico-nacionalmente (por ejemplo, a través de sus nombres y simbologías) se volvieron interlocutores legítimos de diferentes instancias de jerarquía institucional (como intendencias y ministerios provinciales). De esta manera, en estos ámbitos específicos, los/as migrantes bolivianos/as se habrían posicionado como actores relevantes de la vida y la agenda política (Benencia, 2011: 283).

En este mismo sentido, algunos trabajos (Halpern, 2009; Caggiano, 2011 y 2013) reconstruyen otras fuerzas que entran en juego etnizando nacionalmente el panorama migratorio y de sus redes y, a veces, consolidando sus asociaciones: señalan principalmente sindicatos (el más mencionado es la Central de Trabajadores Argentinos) y diversas organizaciones sociales que favorecen el desarrollo de actividades que fortalecen una posición de *bolivianidad* en determinadas prácticas[10].

Las disparidades en las posibilidades de desarrollo de las organizaciones de migrantes bolivianos/as en diferentes zonas del país vuelve relevante la recuperación del planteo que Claudia Briones realizó para problematizar las particularidades nacionales y provinciales con las que se aplican los ordenamientos multiculturales de escala global. Nos interesa destacar especialmente lo que llamó las "*geografías estatales de inclusión y exclusión*, esto es, las articulaciones históricamente situadas y cambiantes mediante las cuales niveles anidados de estatalidad ponderan y ubican en

---

10. Un ejemplo de esta participación fue la realización en la sede de la CTA platense del empadronamiento biométrico para las elecciones nacionales de Bolivia de 2009. Para un análisis de este tema ver: Lafleur (2012).

tiempo y espacio su 'diversidad interior'" (Briones, 2008: 17). De esta manera, especialmente interesada en los "niveles provinciales de estatalidad" de los que participan diferentes pueblos indígenas asentados en el territorio nacional, Briones destaca la materialidad específica que portan las fronteras (federales, provinciales y municipales).

Entonces, más que un unitario "régimen nacional de visibilidad étnico" a partir del cual los actores desarrollarían articulaciones cambiantes de clase y etnicidad, encontramos que esas articulaciones varían en función de la configuración de las escalas y esferas de intervención de los sujetos. Así, calibrar el lugar de las identificaciones en los espacios concretos en donde actúan las personas permitiría reconocer distintas modalidades de visibilización étnica, conformadas a partir de las particularidades sociohistóricas de los diferentes contextos locales de incorporación y de las actividades y tradiciones organizativas que desarrollan concretamente los/as migrantes.

El foco del presente trabajo, que indaga la participación de las mujeres bolivianas en el comedor comunitario, no posibilita analizar cabalmente la formación de diversidad en la que intervienen las referidas vecinas de Altos de San Lorenzo. Sin embargo, comprender las lógicas complejas que actúan en el funcionamiento político de las adscripciones permite problematizar las dinámicas de "incorporación", atendiendo a los condicionantes que establecen límites y presiones al desarrollo de diferentes estrategias en la búsqueda de inserción en redes sociales que emprenden las migrantes.

4. Clase, nacionalidad y género en los procesos de "incorporación migrante"

En síntesis, en tanto las transformaciones en la legislación migratoria y las acciones que facilitan la regularización en la documentación habilitan a las personas nacidas en los países del Mercosur el acceso al universo de potenciales beneficiarios de diferentes políticas sociales estatales, la participación en comedores comunitarios resulta una articulación de distintas regulaciones institucionales que impacta en las posibilidades de "incorporación" a las que acceden y, al mismo tiempo, constituyen. Entonces, indagando esta problemática a través del análisis de la participación de las mujeres bolivianas en el comedor de Altos de San Lorenzo, buscamos profundizar el conocimiento en torno a estos procesos y el papel de diferentes dimensiones de la diferencia y la desigualdad en los mismos. En este sentido, nos preguntamos: ¿cuál es la importancia de las políticas sociales en los modos y estrategias de "incorporación" que desarrollan las personas? ¿Cómo participan las organizaciones territoriales en el entramado social al que arriban los/as migrantes? ¿Qué relaciones se establecen entre estas organizaciones y las redes locales de sociabilidad entre arribados/as? ¿Cuáles identificaciones adoptan en sus diferentes esferas de interacción y qué valoraciones y posibilidades le asignan a esas posiciones? ¿De qué manera impacta la participación en este tipo de movimientos en las prácticas y sentidos que desarrollan cotidianamente? ¿Qué nos dicen estos procesos de las posibilidades de "incorporación" que se estructuran en este contexto particular?

Para abordar estos interrogantes, en el capítulo 1 nos centramos en el comedor comunitario. El proceso de su surgimiento, su estructuración interna y lógica de funcionamiento es trabajado destacando las trayectorias de los/as "militantes" orgánicos del movimiento que allí desempeñan su actividad política. A su vez, profundizamos en los vínculos que el colectivo desarrolla con las redes de mujeres bolivianas asentadas en la zona, la dinámica de su ingreso en la organización y algunas representaciones acerca de la *bolivianidad* que allí circulan. De esta manera, se destaca su rol como mecanismo de mediación entre las migrantes y algunas instituciones del Estado, así como los umbrales culturales que definen estas relaciones.

En el capítulo 2 exponemos los aspectos centrales de algunos itinerarios de las mujeres de Altos de San Lorenzo, su asentamiento allí y la construcción de una trama social entre migrantes en este barrio de la periferia platense. De esta manera, comenzamos a problematizar el sentido que le otorgan a la nacionalidad boliviana y los usos de esta pertenencia en los procesos de "incorporación".

En el tercer capítulo destacamos los usos políticos de la identidad que realizan las mujeres de Altos de San Lorenzo y los marcos de restricciones a la escena pública sobre los que intervienen. Observamos que mediante las posibilidades de socialización que habilita el comedor y a partir de los discursos del movimiento –que aportan un universo semántico que orbita en torno a la clase social– este espacio posibilita un proceso de "enclasamiento" de las personas bolivianas. Así, al ocupar una posición reconocida en las disputas por los recursos en el contexto de recepción (la posición de "trabajadoras desocupadas"), las migrantes elaboran y canalizan demandas vinculadas a sus derechos económicos y sociales y evitan algunas de las prácticas discriminatorias que perciben en torno a sus adscripciones étnico-nacionales. En este sentido, reconocemos la relevancia de diferentes lógicas sociales en estos procesos de incorporación.

Finalmente, en el capítulo 4 indagamos acerca del papel que juega la dimensión de género en los procesos de "incorporación" considerados. Nos detenemos en la importancia de ciertas representaciones sobre los roles de hombres y mujeres en el hogar y la familia presentes en la participación de las migrantes en la organización, así como las transformaciones de estas representaciones que se suceden a partir del ingreso al comedor. Observamos que en el movimiento se desarrollan importantes procesos de reformulación de los sentidos sobre la feminidad, que se establecen por medio de un eje de contraste con experiencias de aislamiento anteriores (referidas a un modo de organización familiar patriarcal) y de un eje de identificación en el cual la pertenencia étnico-nacional ocupa un lugar central. En este marco, analizamos los procesos de *bolivianización* y *des-bolivianización* de la experiencia, que no admiten formulaciones sencillas acerca de los modelos de interacción social que caracterizan los contextos de recepción en los que se inscriben los/as migrantes.

El comedor comunitario de Altos de San Lorenzo

Las investigaciones sobre los movimientos piqueteros situaron su emergencia en Área Metropolitana de Buenos Aires en procesos de acción colectiva ligados a las "tomas de tierra" en la década de 1980 y a la conformación de demandas y políticas estatales vinculadas a la desocupación en la siguiente (Svampa y Pereyra, 2003; Merklen, 2005; Manzano, 2007). Algunos de estos trabajos focalizaron en la inscripción de las organizaciones en las tramas de relaciones locales y destacaron las imbricaciones (la co-constitución) entre los colectivos y los barrios que los contienen (Quiros, 2006; Ferraudi Curto, 2009; Pinedo, 2009). Esta bibliografía señaló la multiplicidad de sentidos y expectativas que se articulan en torno a la participación, al tiempo que puso sobre relieve la relevancia de las dinámicas de organización interna en la definición de su continuidad y de los modos de comunicación entre los actores que los componen (Pinedo, 2009).

En Altos de San Lorenzo, la instauración de diferentes movimientos, la realización de asentamientos que ampliaron la superficie poblada de la zona y el arribo progresivo de personas bolivianas se desarrollaron de modo simultáneo. Por este motivo, conocer el proceso de formación del comedor y sus principales lógicas de funcionamiento no sólo nos permite indagar en las prácticas y sentidos que constituyen la participación de las mujeres migrantes, sino que además es un modo de acercarnos a la conformación de las redes de relaciones en las que se insertan y

los posicionamientos que adoptan en su búsqueda por acceder
a distintos tipos de recursos.

Además de las tareas y la toma de decisiones que periódicamente realizan las integrantes del comedor, analizamos aquí las
dinámicas que posicionan al espacio como mediador de ciertas
demandas que ellas movilizan frente al Estado. De esta manera,
también problematizamos los condicionamientos para la acción
política y la interlocución con las instituciones que tienen las bolivianas. Iniciamos el capítulo con la descripción de la trayectoria
del principal referente del comedor.

1. El movimiento y el comedor desde el relato biográfico de Ignacio[1]

Los padres de Ignacio militaban en la década de 1970 en la
agrupación anarquista Resistencia Libertaria. Si bien esta organización no fue particularmente perseguida durante la dictadura
militar que inició en 1976, su padre fue despedido de Techint y
encontró muchas dificultades para conseguir otra inserción laboral. La joven pareja, cuyo único hijo tenía sólo dos años al momento de producirse el golpe de Estado, se mantuvo con el sueldo
de docente universitaria que la madre percibía en la Facultad de
Ingeniería de la Universidad de Buenos Aires.

Ignacio recuerda haber vivido en distintas localidades del
conurbano, hasta que, en los primeros años de la década de 1980,
su familia encontró cierta estabilidad al mudarse a la ciudad de
La Plata, al barrio de Los Hornos. Allí tuvo sus primeros vínculos con la política acompañando a su padre en las movilizaciones
por los "levantamientos carapintadas". Sin embargo, su primera
relación "orgánica" tuvo otro origen.

A comienzos de los años 1990, ya con 18 años de edad, mantuvo un noviazgo con una joven "militante" de la Juventud Peronista
que lo convenció de realizar apoyo escolar en una unidad básica
en Altos de San Lorenzo. De esta manera, tras las fracturas que el
peronismo sufrió por aquellos años, Ignacio, "un viejo anarquista
y otros más militantes de izquierda", quedaron a cargo de la vieja
Unidad Básica peronista "Compañeros".

---

1. Los nombres propios que se mencionan no corresponden con los reales. Fueron sustituidos para preservar la identidad de nuestros/as entrevistados/as.

Una noche del invierno de 2011, en la pizzería del local céntrico que posee la organización de la cual Ignacio actualmente es referente, este militante exponía en detalle su devenir político:

> Estamos un añito o dos años en la Unidad Básica esa, se hace una relación muy buena con un montón de vecinos y después empezamos a abrir otros laburos en el mismo barrio. Medio como que en un momento nos vamos de la Unidad Básica, porque en las etapas electorales siempre caía alguno para tratar de usarlo como trampolín.

En paralelo, Ignacio comenzó a estudiar magisterio. Así, entre los "compañeros" de la Unidad Básica y algunos estudiantes terciarios movilizados por la "lucha por la educación pública", decidieron formar en Altos de San Lorenzo una biblioteca popular.

A finales de la década, ya con el título de maestro, decidió irse junto a su nueva pareja a vivir al norte, a la provincia de Chaco. Durante los años 2000 y 2001 participaron allí de un Movimiento Sin Tierra y, posteriormente, partieron hacia la provincia de Salta, donde se vincularon a comunidades coyas al norte del pueblo de Orán.

Tanto la crisis política y las movilizaciones de diciembre de 2001, como la denominada "masacre de Avellaneda"[2] encontraron a esta pareja en el norte argentino. Estos acontecimientos provocaron su vuelta a La Plata a fines de 2002, para tener participación en el proceso que, el 26 de junio de 2003, al cumplirse un año de la "masacre del Puente Pueyrredón", terminó de conformar el Movimiento de Trabajadores Desocupados (MTD) de La Plata.

Ignacio nos comentaba que el primer problema que les surgió al arribar a La Plata fue el acceso a una vivienda. En este marco, en acuerdo con el resto de sus "compañeros" de militancia, decidieron armar una casilla en el fondo del terreno donde se asentaba la Biblioteca Popular de Altos de San Lorenzo:

> No es todo política, digamos, había una cuestión económica, que estábamos sin laburo... Acá recién arrancaba el proceso de lucha por laburo que termina derivando, en el mismo esquema que se da el Estado, en la lucha por los planes sociales, así que nos metemos de lleno a laburar con eso, a luchar por eso y a vivir ahí.

---

2. El 26 de junio de 2002, diversas organizaciones sociales cortaron el Puente Pueyrredón que conecta a la Capital Federal con el sur del conurbano bonaerense. La represión policial de aquella manifestación causó las muertes de Maximiliano Kosteki y Darío Santillán y generó una crisis política que devino en el adelanto de las elecciones presidenciales.

El devenir de esta organización es complejo y reconstruirlo en su totalidad excede los objetivos de este trabajo. El proceso que supuso incorporaciones, abandonos y reubicaciones de experiencias militantes define una genealogía organizacional que se entrecruza con la historia de los movimientos territoriales de la ciudad. Sin embargo, nos interesa destacar que la Biblioteca Popular, luego de pasar por "cinco lugares diferentes", se dividió para realizar en la zona dos tomas de tierra. Ignacio y su pareja protagonizaron una de ellas y asentaron su vivienda allí.

Previamente a esta nueva ocupación, la organización había conformado un comedor comunitario en la casa de una mujer que prestó un espacio para montar la cocina donde se preparaban los alimentos y desarrollar "talleres de formación y capacitación". Sin embargo, esta experiencia que nucleaba –entre migrantes internos/as y mujeres bolivianas– alrededor de veinte vecinos/as, encontró un límite espacial que motivó las "tomas":

> Ahí en un par de meses se ve que la casa de esa compañera ya tiene su techo, le estábamos copando la casa, entonces decimos "loco, salgamos a buscar terrenos". Ahí sí las compañeras bolivianas inciden, porque ellas estaban buscando tierra también, las compañeras argentinas estaban en la parte más vieja del barrio y tenían su casa, no tenían la urgencia. Las otras compañeras dicen, al toque, "che, busquemos un terreno para el comedor y para nosotras también". Entonces no vamos por un terrenito, empezamos a buscar un par de manzanas.

La ocupación se concretó en dos hectáreas de terrenos del ex ferrocarril provincial. Luego de fraccionar el espacio, se resguardaron algunos lotes para la organización y el resto fue distribuido privilegiando a quienes venían participando en el colectivo.

Simultáneamente a la conformación del comedor, el movimiento del que formaban parte los/as integrantes de este espacio inició un proceso de ampliación. Diferentes experiencias políticas confluyeron en una "organización multisectorial" que buscó articular y fortalecer una diversidad compleja de demandas. De esta manera, experiencias organizativas territoriales, sindicales, culturales, de intelectuales, etc., definieron un proceso que, de acuerdo al testimonio de este militante, hizo posible el avance en los diferentes frentes políticos particulares, como el caso de Altos de San Lorenzo.

La composición original del comedor, a su vez, también sufrió un proceso de redefinición significativo. El grupo originario, que se reunía en un espacio prestado, fue transformándose progresivamente: de una composición relativamente equilibrada en términos de nacionalidad (argentinos/as y bolivianas) y de género, comenzó a ganar preponderancia la participación de mujeres inmigrantes que terminaron representando una clara mayoría.

Ignacio relata el proceso estableciendo una relación entre la dinámica económica en la región y la participación política de diferentes actores sociales:

> En el 2003, 2004, cuando se empieza el laburito, la composición era 50% y 50%, argentina y boliviana. Yo creo que ahí, lo que es la juventud argentina básicamente, sale a la lucha fuertemente en esa etapa más que en los años posteriores. Y también por una cuestión de edad y de género: las personas que primero se reinsertan al mercado laboral (...) en términos de una reactivación, entre comillas, en los barrios se vive más como una creación de changas, los primeros que consiguen laburo son los pibes jóvenes y varones. En ese contexto, el grupo de pibes argentinos que eran los que estaban luchando en ese momento y eran la composición argentina del grupo son los primeros que vienen a la asamblea y nos dicen "che, todo bien, yo sigo participando pero desde acá".

De esta manera, con el transcurrir de los años, el grupo de diez mujeres bolivianas que participaron en la mencionada toma de tierras fue ampliándose hasta alcanzar un número que se acercaba a cien cuando finalizamos nuestro trabajo de campo.

2. El comedor comunitario de Altos de San Lorenzo: tareas, actividades y funciones

Las personas que integran la organización asisten periódicamente al comedor para realizar diferentes tareas. Algunas se vinculan estrictamente con sostener el funcionamiento diario del espacio y su capacidad para brindar servicios, mientras que otras se relacionan con las oportunidades laborales que el movimiento gestiona en el marco de las políticas sociales estatales.

La preparación de almuerzos y meriendas es una actividad cotidiana prioritaria en el comedor. Para cumplir con dicha tarea se conforman los equipos de trabajo de "Cocina" y "Copa de Leche".

El primero de ellos se compone de cinco personas. De martes a viernes, las encargadas de esta labor se encuentran a las 10:30hs de la mañana para preparar las comidas (generalmente guisos y estofados) que serán entregadas en porciones a partir de las 12:30hs del mediodía. El procedimiento demanda que quienes retiran las viandas posean elementos de transporte de los alimentos: recipientes plásticos o, en el caso de familias numerosas, pequeños baldes de pintura adaptados para este fin. Una vez concluida la distribución de la comida y luego de la limpieza de los utensilios y del lugar, el trabajo finaliza cerca de las 14hs.

Para brindar la "Copa de Leche" en el comedor de Altos de San Lorenzo se constituyen dos equipos de cuatro personas que asisten alternativamente dos veces por semana (martes y jueves el primero y miércoles y viernes el segundo) a partir de las 15hs. Allí preparan leche con cacao que también es retirada con jarras por las usuarias del comedor a partir de las 16hs. La tarea concluye con el aseo del lugar alrededor de las 17hs.

Ambas actividades se realizan con mercadería que la organización gestiona por medio de los –tensos– vínculos que desarrolla con organismos de los diferentes niveles estatales: municipal, provincial y nacional. Estos insumos son entregados al movimiento y repartidos entre las distintas sedes territoriales que lo integran.

Para participar de dicho reparto se conforma un equipo de "porcentaje" compuesto por una titular y dos suplentes. Ellas concurren cada dos semanas al Mercado Central o al local que posee la organización en el centro de la ciudad y allí, conjuntamente con los/as enviados/as de otros comedores, calculan lo correspondiente a cada "barrio" y trasladan la mercadería en fletes o en una camioneta del movimiento. Eugenia, una joven que arribó a la Argentina siendo muy pequeña y se incorporó a la organización a instancias de su madre, realizaba esta labor durante nuestro trabajo de campo. Esta muchacha proveniente de un pequeño pueblo cochabambino llamado Tarata, que trabaja como encargada de la limpieza en una clínica privada del centro de la ciudad y realiza los últimos años del colegio secundario durante la noche, nos decía respecto al modo en que terminó asumiendo esa función:

> Y... porque nadie quería ir a porcentaje porque nadie sabe [realizar las operaciones matemáticas necesarias]. Y yo sé, porque yo tengo estudios y además estoy estudiando, y bueno, para que avance la reunión dije que sí.

Salvo algunas de las integrantes de "Copa de Leche", el resto de las involucradas en estos equipos cumplen sus tareas como contraprestación por el cobro de planes o subsidios de la política social. Sin embargo, dentro del conjunto de programas de asistencia y financiamiento a los que accede la organización, los que se otorgan a quienes realizan estas labores son, en términos económicos, los beneficios de menor importancia[3]. Por su parte, como la preparación de la merienda es considerada la responsabilidad cualitativa y cuantitativamente menos exigente, se entiende la misma como un modo de asumir compromisos con el movimiento por parte de quienes no llevan un tiempo prolongado de participación. En este sentido, realizar esta actividad es muchas veces un paso previo para acceder a algún cupo que el colectivo gestiona en programas que otorgan pagos mayores.

Otra de las funciones que realizan las integrantes del comedor es la que denominan "Administración": implica la colecta de la documentación que el Estado periódicamente demanda presentar por cada plan[4] y la confección de listas que son entregadas a un encargado de la organización que centraliza la información de todos los barrios. El cumplimiento de esta tarea genera susceptibilidades, ya que es determinante en el acceso a los beneficios de las políticas sociales.

Durante una manifestación realizada en la ciudad de La Plata en septiembre de 2010, Lidia, una mujer de 27 años que antes de sumarse al movimiento tuvo experiencias laborales en verdulerías y talleres textiles, describía el modo de funcionamiento del colectivo y las dificultades que encontraba como encargada de "administración":

> Peleas hay siempre, mironeamientos, así: "uno cobra más", "uno cobra menos", "uno agarra 'administración' o no agarra", siempre hay.

Con estos "mironeamientos", que implican "mirar mal" o "hablar mal" de alguien generalmente en grupo, destacaba las tensiones por la distribución de los recursos y las tareas. Al explicitar el desarrollo de sus funciones, Lidia ahondaba en los conflictos y malestares que se producen:

---

3. Los "programas de empleo" nacionales como el Argentina Trabaja y el Manos a la Obra eran los que mayores beneficios brindaban en el período que asistimos al comedor, seguidos por el Plan Barrios otorgado por la provincia de Buenos Aires. Diversos "programas de alimentación", seguros de capacitación o remanentes de planes más antiguos como el Jefes y Jefas de Hogar se encontraban entre los de menores prestaciones.

4. Cada programa exige la presentación de documentación específica, con plazos particulares. La demanda más frecuente implica constancia del Código de Único Identificación Laboral (CUIL) y fotocopia de DNI o constancia de residencia.

— Yo me encargo de los plan Barrios (...) Agarro el listado, quién [del comedor] cobra de qué y si cobran o no y ese listado tengo que hacer una lista de todas las compañeras y entregar al de "Finanzas" del grupo de la organización.

— ¿Y por qué se enojan con las que están en "Administración"?

— Piensan que... Quieren que les pongamos a sus familiares que no sean de la organización y esas cosas no me gustan (...) Yo sumo todos los que participan, todos los que... A mí también me controlan de la organización: me piden el listado, tengo el listado y según lo que participan. Pero si no participan, yo no puedo. Es como decir que no hay que ser cómplice de nada, y eso no les gusta.

En esos días, integrantes de un grupo de trabajo que desempeñaba sus funciones en una huerta que el colectivo posee en el barrio le habían hecho recriminaciones y reproches públicos –en la "Mesa del Movimiento[5]"– a esta joven. Algunas de ellas estaban preocupadas porque meses atrás, cuando Lidia era parte de esta cuadrilla, una fuerte discusión sobre herramientas prestadas para el uso doméstico había motivado su alejamiento. Entonces, al notar que con su nuevo rol ella centralizaba las fotocopias de DNI, temían que en "venganza" quisiera darles de baja su plan.

Además de este conjunto de funciones y roles que garantizan la reproducción de las actividades, integrantes del espacio también participan de diferentes cooperativas de trabajo enmarcadas en el dispositivo de política social estatal. En el período del trabajo de campo un grupo de cinco mujeres se integraba en una cooperativa municipal inscripta en la delegación de Altos de San Lorenzo, junto con mujeres de otras organizaciones territoriales de la zona. Otros dos grupos de diez personas cumplían funciones en el Programa Argentina Trabaja: como aún no tenían herramientas y tareas designadas, asistían a las dos huertas que posee la organización. Por último, otro grupo de siete mujeres también participaba de una cuadrilla del Argentina Trabaja, pero con "compañeras" de otras sedes del movimiento en el municipio de Berisso. Estos grupos se desempeñaban de lunes a viernes durante las mañanas: el horario se extendía generalmente entre las 8hs y las 12hs. A su vez, cada "cuadrilla" designa dos delegadas

---

5. La "Mesa del Movimiento" es la asamblea en la que participan distintos delegados de los diferentes barrios que componen la organización. Es el nombre informal con el cual las personas de Altos de San Lorenzo refieren a las reuniones del "Sector Territorial" de la Regional.

que asisten a reuniones que nuclean a los/as cooperativistas de la organización.

Las distintas actividades que se realizan en el movimiento ubican a las migrantes en posiciones diferentes –y en muchos casos desiguales– en lo referido al manejo de la información, de las lógicas y códigos de funcionamiento, en el acceso a personas, instituciones, etc. Estas variaciones sitúan a algunas de las mujeres en espacios de mayor visibilidad que se traducen contingentemente en prestigio y/o –como vimos en el caso de Lidia– recelo de parte de sus "compañeras". El rol de Delegadas de cuadrilla provoca el reconocimiento de un saber valorado por sus colegas del grupo de trabajo. En este sentido, una mujer llamada Felipa nos decía respecto a "la Rosa":

> La Rosa va a pasar unos talleres y ella entiende todo y ya nos avisa entre grupo. Así como: "compañeras vamos a ir a movilizar", "está llegando la mercadería", "no se sabe a dónde vamos a ir a trabajar". Todo eso nos cuenta.

El testimonio deja traslucir un tipo de reconocimiento que otra mujer, Santusa, volvía más evidente cuando se refería a la delegada de su grupo, en este caso Rosario:

> Algunos ya saben, porque siempre dicen bien qué hay que aprender. Una compañera, Rosario, dijo bien qué hay que ir a aprender. Porque ella también dice que [antes] no entendía nada, después empezó a ir así a las reuniones de mesa, también los viernes que va, y va también ahora a los delegados [a las reuniones de delegados/as]. Ella me dice "yo también no sabía nada, no entendía nada, pero vine aquí y aprendí".

Para sus compañeras de cuadrilla, las Delegadas son quienes más "entienden" el modo en el que funciona el movimiento y por ello se ganan el reconocimiento del grupo. Ambas son solicitadas ante diversas problemáticas y tienen un lugar relevante en las definiciones autónomas que cada equipo toma cotidianamente. Inclusive, en el caso de Rosa, este espacio resultó de la formalización de una virtud que le atribuían sus "amigas" del movimiento:

> Yo no quería [ser delegada]. Cuando un día que yo no iba al laburo, iba al hospital, supuestamente dice que habían puesto ese día las delegadas de cada cuadrilla. Entonces ellas habían pedido que "ella que más entiende, que más habla, que es más entradora". Sí, soy entradora, me gusta, entonces me habían elegido. Yo ni sabía, cuando llegué me dijeron "ahora delegada". Ni sé de qué me decían.

Finalmente, la asistencia a las manifestaciones es planteada como obligatoria para las integrantes del comedor. Por lo general las jornadas inician con una concentración en el comedor y, de allí, en un colectivo que cede la empresa de transporte urbano más cercana de la zona (una de las terminales de la línea se ubica a unas diez cuadras del lugar) se dirigen para concentrar con los distintos grupos que componen el movimiento: de acuerdo al itinerario de la protesta, varían entre las Plazas San Martín y Moreno y la estación del Ferrocarril Roca de la ciudad.

La división de los roles, la distribución de los cupos a los que la organización tiene acceso, la difusión de las noticias vinculadas a la gestión de la mercadería, el anuncio y evaluación de las "medidas de lucha" y las novedades de los grupos de trabajo son aspectos que se comentan y debaten en asambleas. A su vez, esta instancia es la que permite construir el vínculo del comedor con el resto del movimiento: a la asamblea llegan propuestas de otros niveles organizativos que son discutidas y de ella se elevan hacia otras esferas resoluciones y proposiciones. Sin embargo, antes de abordar esta instancia central de la organización del comedor, presentemos algunos de sus actores más destacados: las "militantes".

2.1. Breves digresiones biográficas

Mariana nació en la ciudad de La Plata a mediados de la década de 1980. Allí pasó los primeros años de su vida hasta que sus padres, ambos empleados de la administración pública, decidieron divorciarse. Con 8 años de edad, partió junto a su madre hacia Longchamps, donde terminó sus estudios primarios y secundarios, para retornar a La Plata en el año 2004 a estudiar la licenciatura en comunicación social de la universidad de dicha ciudad.

En el año 2006, a demanda de los docentes de un taller de la facultad, Mariana y otro/as compañeros/as se contactaron con una organización vinculada a la "economía social" para realizar allí las prácticas exigidas para aprobar la asignatura. De esta manera, se acercaron a una "Red de Comercio Justo" que buscaba generar "nodos de consumidores" de los alimentos que desarrollaban diferentes emprendimientos productivos vinculados al movimiento social abordado en este trabajo. Concluida la cursada de la materia, esta joven decidió incorporarse a la organización e iniciar su experiencia como "militante".

Transcurrido un año de su ingreso, sus integrantes disolvieron la Red para incorporarse a diferentes colectivos que integran este movimiento. Mariana, junto con otros/as "compañeros/as", pasaron a participar en el "Sector Territorial": algunos/as en La Plata y otros/as en Berisso.

De esta manera, comenzó a asistir a diferentes barrios y a realizar talleres de alfabetización de adultos, hasta que en la asamblea que nuclea las representaciones territoriales de la ciudad de La Plata se planteó la necesidad de "fortalecer" al comedor de Altos de San Lorenzo.

La "Mesa del Movimiento" es una reunión en la que participan distintos/as delegados/as de los barrios que componen la organización. Generalmente dos o tres personas por espacio, se acercan una vez por semana para funcionar como correa de transmisión de las informaciones y debates que circulan entre el movimiento en general y cada comedor en particular. Si bien allí predominan los que Mariana llama "militantes", en Altos de San Lorenzo también envían dos delegadas "de base" a participar de la misma. Siguiendo su testimonio, fue en esta instancia que se manifestó la necesidad de "cubrir" este barrio.

En el año 2009 se acercó al comedor abordado en este trabajo. Su relato acerca de las funciones que asumió resulta explicativo de las dinámicas de las asambleas que registramos en nuestras notas de campo. En diversas conversaciones mencionaba la concepción que entre los/as "militantes" de la organización tienen respecto a los roles que deben cumplir en los barrios en los que desarrollan su participación:

> Como organización territorial, tenemos la necesidad, porque no hemos logrado dar medianamente un salto, de que llegue toda la información y lleguen todos los debates y que se generen propuestas de las asambleas de "base". La forma en la que encontramos de que eso sea una transición y se resuelva es con "militantes" en las asambleas. [La de Altos de San Lorenzo] es una muy grande, creo que es la mayor del movimiento, entonces había compañeros que estaban con otras tareas y quedo yo.

La transmisión de la información, la generación de ciertos debates y la fundamentación del sentido político que la organización le otorga a sus diferentes actividades son algunos de las tareas que Mariana asume como propias de su rol en Altos de San Lorenzo:

> Una trata en el barrio, no de bajar línea, sino de cubrir todas las falencias que tienen las compañeras para trasmitir la informa-

ción que va de la "Mesa" a la asamblea: hay veces que son cosas operativas y hay veces que no se entiende nada de lo que hablamos y es una crítica a la "militancia", justamente, que tiene dificultades para comunicarse con los compañeros de "base". Y, bueno, una [tarea] sería la cobertura de esa falta de información o información tergiversada que llega. Y la otra es la de imprimir un poco de discusión política, que las discusiones no queden sólo en los ejes reivindicativos, por ejemplo, otras que no queden en las cuestiones operativas.

A su vez, Mariana es la presidenta de una cooperativa que, formalmente, es la empleadora de los/as integrantes de la organización que resultan beneficiarios de los programas de trabajo municipales y nacionales. A decir de los/as "militantes", la cooperativa es la "herramienta legal" que la organización desarrolló para gestionar cupos en el Programa Argentina Trabaja o en diferentes tareas de interés municipal. De esta manera, esta joven también realiza las rendiciones y ejecuta los pagos de la totalidad de barrios que gestionan sus planes a través de la cooperativa.

Otra de las "militantes" con una presencia recurrente en el comedor de Altos de San Lorenzo es Vanesa, quien nació a mediados de la década de 1960 en la localidad de Tres Arroyos. Allí vivió hasta que a los 18 años partió hacia la ciudad de La Plata con intenciones de estudiar abogacía. Algunos años después de llegar, se integró a la Juventud Intransigente y comenzó a militar en un local de la agrupación en un barrio de la periferia de la ciudad.

Con las rupturas políticas de esta organización, Vanesa terminó vinculada a un senador provincial del Frente Grande, del cual fue asesora durante algunos años, abandonando definitivamente la carrera universitaria. Sin embargo, con la visibilización cada vez mayor de la crisis social que desencadenaron las políticas neoliberales hacia finales de la década de 1990, decidió alejarse de este espacio defraudada por sus posicionamientos políticos.

Posteriormente esta "militante" se vinculó a las Madres de Plaza de Mayo de la ciudad, que comenzaban a preparar los juicios contra represores de la última dictadura militar[6]. En este proceso se encontró con viejos "compañeros" (de ella y de su pareja, que había formado parte de la Juventud Peronista) que por aquellos años se encontraban en pleno proceso de consolidación del mo-

---

6. Hacia finales de 1998 comenzaron a realizarse los primeros "Juicios por la Verdad" en la ciudad de La Plata.

vimiento multisectorial que enmarca al comedor comunitario estudiado en este trabajo.

De esta manera, desde el año 2005 comenzó a asistir a Altos de San Lorenzo a brindar cursos de alfabetización y a participar de las asambleas del espacio.

> Empezamos con el Flaco [su pareja, docente en escuelas públicas de la ciudad] a ir una vez por semana para hacer alfabetización de adultos. Al principio venían muchas "compañeras", no, en realidad al principio no, pero después de algún tiempo empezaron las "compañeras" a venir y así nos conocimos.

Simultáneamente Vanesa se volvió parte de las asambleas que semanalmente transcurren en Altos de San Lorenzo. Con intermitencias mayores que las de Ignacio o Mariana, esta mujer comenzó a asistir al barrio para garantizar presencia "militante" en el espacio. En una entrevista realizada en su trabajo, en una dependencia de la Secretaría de Derechos Humanos de la Provincia de Buenos Aires, Vanesa caracterizaba el funcionamiento de la asamblea y dejaba entrever el rol que asume en la misma:

> Si vos hacés un laburo de generar la participación es súper rica la asamblea. Acá las "compañeras", por más que no estén hablando están entendiendo más de lo que dicen y si te das la estrategia para que participen, participan… Con propuestas muy interesantes, son "compañeras" que si laburás en serio, son capaces de llevar propuestas nuevas.

2.2. La toma de decisiones y el registro de las discusiones

Tanto Vanesa como Mariana buscan explícitamente ocupar un rol central en las asambleas. En concordancia con esta voluntad, estas reuniones generalmente inician luego del arribo de Mariana. Cuando esta joven no puede asistir, es Vanesa quien resulta la dinamizadora de la actividad: ellas "arman el temario" y comienzan exponiendo los ítems centrales del día.

Si bien en el transcurso de nuestro trabajo de campo las temáticas fueron variando significativamente, se dieron algunas recurrencias en el desarrollo de los encuentros semanales.

En la mayoría de los casos, las asambleas comienzan con un reporte de lo tratado en la "Mesa del Movimiento" que realizan las encargadas de participar de este espacio. Mariana (como lo exponía en la citada entrevista) y Vanesa, a veces junto con otros/as "militantes", corrigen y/o completan la información brindada por quienes asisten como delegadas del comedor de Altos de San Lorenzo.

A su vez, es una constante la mención de la apertura de nuevos cupos en diferentes programas de política social. En estas oportunidades, que son las que despiertan mayor participación de las asistentes, las discusiones se centran en la distribución de las vacantes entre las integrantes del comedor.

Por otro lado, las "jornadas de lucha" que la organización planifica también tienen un espacio considerable en las asambleas: tanto desde el punto de vista de la "explicación política" de las mismas que realizan "militantes" antes de que ocurran, como de la evaluación de la participación que se efectúa en el encuentro siguiente a que la protesta haya tenido lugar. Las "faltas" a estas manifestaciones también son abordadas y, en muchas oportunidades, algunas mujeres "de base" llevan certificados que documentan el motivo de su ausencia: haber tenido que asistir a dependencias de salud pública al momento de las manifestaciones, por ejemplo, u otras circunstancias.

Finalmente, en algunas oportunidades las encargadas de los distintos roles y las delegadas de los grupos de trabajo exponen informaciones de sus actividades y gestiones.

En la mayoría de los casos la "toma de la palabra" corre casi exclusivamente por cuenta de los/as "militantes". Con la excepción de quienes presentan –con el refuerzo de algún/a integrante "orgánico" del movimiento– lo ocurrido en la "Mesa", sólo un par de delegadas de cuadrillas de cooperativas participan de las polémicas activamente.

Los motivos del silencio de las "compañeras de base" son variados. Uno de los aspectos que destacan son las burlas que se realizan entre las integrantes. En este sentido, ante nuestra pregunta acerca de la poca intervención en los diálogos colectivos, Leonor nos decía:

> No sé, algunas más calladas, algunas no hablamos bien el castellano.

Intentando profundizar en los motivos de esta "vergüenza", afirmaba que sus compañeras:

> Se burlan si no hablamos bien; si no sabés, mejor callada.

Entonces, este mecanismo coercitivo regula la "toma de la palabra" al establecer cierta escala de prestigio vinculada al manejo del idioma oficial en el contexto de destino. Mientras que las mujeres destacan a los grupos de trabajo como ámbitos de confianza y amistad, las asambleas se presentan como potencialmente hostiles.

Como se mencionó previamente, sólo la discusión sobre la distribución de los cupos en los programas de asistencia social despierta intervenciones de muchas integrantes. Estos debates siempre son moderados/coordinados por "militantes".

En sus exposiciones, los/as "militantes" reponen caracterizaciones político-ideológicas que suelen estar plasmadas en documentos escritos del movimiento. Las injusticias que supone el capitalismo y la victimización de amplios sectores de la población que el mismo inflige, conjuntamente con la necesidad moral de enfrentarse a esta situación y la reivindicación de la independencia frente al Estado, los partidos políticos y los sindicatos de mayor envergadura, son algunas de las más reiteradas. El reconocimiento de la "opresión" que atribuyen al "sistema", sumado a la vocación de autonomía con respecto a los principales actores del campo político, delimita el contexto semántico en el que emerge el significante que con más recurrencia es posible recoger en entrevistas con "militantes" y en la observación de actividades de protesta: la "lucha".

En este marco, los beneficios que se obtienen mediante el desarrollo de diferentes conflictos aparecen como "conquistas". Así, mediante la "lucha" frente al Estado y el "sistema" se revierte la victimización que sufren "los de abajo" o "las clases explotadas". Entonces, la organización aparece en los testimonios de los/as "militantes" representando al colectivo de los oprimidos como actor político que avanza hacia una transformación social.

Por otro lado, el registro discursivo de la "lucha" en ocasiones es complementado con la utilización del "lenguaje de derechos". De esta manera, el señalamiento moral de las injusticias que genera el "sistema" tanto como la apelación a ciertas garantías jurídicas buscan provocar la politización de la situación social de las migrantes y apuntan al desarrollo de una "conciencia militante" o de "lucha".

3. Interfaces y mediaciones

Más allá del resultado dispar de estas intervenciones, así como de sus múltiples y diversas apropiaciones por parte de las mujeres que integran el comedor, estas operaciones forman el reverso territorial de la construcción compleja de relaciones que la organización entabla con el Estado. La "lucha" y la fundamentación de los reclamos en términos de "derechos" actúan, desde este punto de vista, como lógicas de vinculación que el movimiento adopta en sus negociaciones con diversas agencias del entramado institucional estatal. Sus estrategias, como destaca la bibliografía para otros movimientos, se forjan en un espacio de negociación históricamente conformado que integra a los organismos públicos y sus políticas (Manzano, 2007; Frederic, 2009).

En la medida en que se asume a las vinculaciones entre los organismos del Estado y las multifacéticas expresiones de la sociedad civil como mutuamente determinadas, las estrategias del movimiento aparecen constituyendo/constituidas en un espacio de "interfaz". Acuña, Jelin y Kessler afirman que en estos campos interlocutivos se conforman las identidades organizacionales y se desarrollan los procesos de negociación, cooperación y conflicto entre actores provenientes de diversos niveles y esferas estatales y civiles (Acuña, Jelin y Kessler, 2006: 12).

En el comedor comunitario de Altos de San Lorenzo se desarrollan dos formas complementarias de componer estas interfaces. Por un lado, este colectivo político emprende diversas estrategias de protesta a través de las cuales busca provocar, presionar o destrabar negociaciones con entidades gubernamentales[7]. Junto con otras organizaciones o de forma autónoma, las integrantes del comedor participan periódicamente de diferentes manifestaciones. Hemos asistido a protestas en el Ministerio de Desarrollo Social de la Nación, en el Ministerio de Trabajo de la Nación, en el Ministerio de Desarrollo Social de la Provincia de Buenos Aires, en la Legislatura de la Provincia de Buenos Aires, en la Casa de Gobierno de la Provincia de Buenos Aires, en la Municipalidad de La Plata y en la autopista Buenos Aires-La Plata.

En este sentido, las interfaces que el movimiento ayuda a conformar se manifiestan como dispositivos de gestión del conflicto social en los cuales se busca administrar las cantidades, modalidades e intensidades de las protestas callejeras, como un "campo de fuerzas" en el que se genera la producción conjunta de políticas estatales y modalidades de acción de los grupos subalter-

---

7. La centralidad de "la lucha" es un aspecto común a estos movimientos desde su constitución. Ver en este sentido: Svampa y Pereyra (2003); Merklen (2005); Quiroz (2006); Manzano (2007); Pinedo (2009).

nos (Manzano, 2007: 108). Las negociaciones, que involucran desde mercadería para los comedores y cupos en los programas de asistencia social hasta obra pública y planes de vivienda en los barrios periféricos, se estructuran –al menos desde la perspectiva de los integrantes de este movimiento– en función de las diferentes "medidas de lucha" que llevan a cabo.

Por otro lado, este colectivo desarrolla una serie de "herramientas legales" para gestionar los recursos que obtiene en las negociaciones. Como vimos, existe una cooperativa que figura como empleadora de los/as integrantes de la organización que se incorporan a diversos programas laborales estatales. A su vez, Mariana manifestaba la existencia de otro tipo de "figuras legales", como la de asociación civil, que se "usan" para gestionar financiamiento del Programa de Voluntariado Universitario.

Asimismo, en las negociaciones se firman "actas acuerdo" y se realizan presentaciones escritas que se construyen apelando a diferentes sistemas normativos que rigen en nuestro país. De esta manera, el "lenguaje de derechos" –"derechos de los/as trabajadores/as", "derechos de los/as desocupados/as", "derechos de la mujer", "derechos de los ciudadanos", etc.– es parte relevante de los intercambios –orales y escritos– con los/as funcionarios/as. Desde esta perspectiva, las interfaces tienen a la clase social como principio central de su articulación: "los/as trabajadores/as desocupados/as" son el sujeto sobre el que se definen las demandas y las políticas sociales.

Lo hasta aquí expuesto evidencia que, en el caso específico del comedor de Altos de San Lorenzo, son Mariana, Vanesa e Ignacio quienes participan más protagónicamente en la definición de los tiempos, formas y herramientas con las cuales el movimiento participa de estas interfaces. Como mencionamos en la descripción de las asambleas, los/as "militantes" mantienen el protagonismo en las mismas, especialmente cuando el "temario" se detiene en la definición de cuándo, dónde y con quiénes protestar, así como qué y de qué forma demandar. Del mismo modo, las "herramientas" con las cuales canalizar institucionalmente las peticiones también son prioritariamente sostenidas por los/as activistas "promotores/as" (Svampa y Pereyra, 2003).

En este sentido, la conexión del comedor comunitario con las distintas instancias y niveles gubernamentales también presenta una segmentación interna de diferentes "fases". Los/as "militantes" conforman las esferas de interacción con los agentes estatales como "mediadores[8]" de las migrantes bolivianas que participan del comedor. En la medida en que logran constituir *peticiones* (Laclau, 2007) a las esferas gubernamentales respecto a diferentes aspectos de la vida de las integrantes del espacio, del mismo modo que desarrollan *reclamos* que tensionan –con diferente impacto– el espacio social articulando y canalizando estas *peticiones*, estos actores resultan protagonistas del pasaje a la política, es decir, de la inscripción en los sistemas político-institucionales de algunas de las necesidades e insatisfacciones que soportan estas mujeres.

Esta mediación no supone únicamente la capacidad de emplazar en los formatos de la discursividad política un malestar preexistente. Parte de la tarea que asumen los/as "militantes" es interpelar la experiencia de las "compañeras de base" y movilizar una revisión crítica de las condiciones y situaciones de vida de las que participan. Además de las intervenciones que buscan –al decir de Mariana– "imprimirle discusión política" a las reuniones, se realizan diferentes talleres que apuntan a generar una "toma de conciencia" y una apropiación de la perspectiva política de la organización. Ignacio enunciaba esta preocupación cuando afirmaba:

> Lo que nosotros estamos viendo es que si los compañeros no salen del barrio les cuesta ver el proceso más allá de lo local, no logramos que se apropien de esa construcción política que va más allá, que busca un cambio revolucionario, no logramos superar esa lucha por trabajo inicial.

De esta manera, las integrantes del comedor participan de talleres de "formación sindical" y sobre la organización del trabajo en cooperativas (y sobre el "cooperativismo"). A su vez, el colectivo también realiza talleres de "género y salud sexual" y efectúa jornadas de capacitación en diferentes fechas conmemorativas como el primero de mayo o el ocho de marzo.

Este conjunto de actividades, que buscan intervenir en la producción de "demandas" (Laclau, 2007) desde posiciones de clase (y, en menor medida, de género) y en el desarrollo de una "conciencia militante" por parte de las mujeres bolivianas que integran el comedor, también forman la posición de mediación que

---

8. La figura de la "mediación" entre diferentes instancias de un entramado social ha sido utilizada por numerosos analistas del "fenómeno piquetero": Svampa y Pereyra (2003); Merklen (2005); Manzano (2007); Pinedo (2009); Ferraudi Curto (2009). En el caso de la articulación entre migrantes e instituciones de la "sociedad receptora" se destacan Devoto (2009); Caggiano (2011).

realizan los/as "militantes". Desde ese enfoque, estos agentes median (generando un territorio de vinculación de dos fases) entre los organismos estatales y las migrantes objeto de esta investigación. Esta interpretación no desconoce las múltiples interacciones –directas e indirectas– que estas mujeres desarrollan con los organismos públicos, sino que enfatiza el rol del movimiento y sus "militantes" en la construcción de las vinculaciones prioritariamente políticas.

3.1. Las "compañeras bolivianas" y la agenda de la organización

Los procesos de mediación con las instituciones oficiales se restringen a una serie de dimensiones que definen lo que podríamos llamar la "agenda de la organización". En este sentido, la caracterización que los/as "militantes" realizan de las mujeres que componen el espacio resulta un aspecto clave para reconocer no sólo los sistemas de clasificación que emplean y las posiciones que les atribuyen a sus "compañeras de base", sino también el margen de incorporación de *demandas* particulares a la "agenda" citada.

De acuerdo con Ignacio, los "talleres de género" que en distintos momentos se realizaron en el comedor respondían a una evaluación del "lugar de la mujer en las familias bolivianas". En su rememoración de las acciones del colectivo, este referente de la organización exponía las situaciones que llevaron a plantear la necesidad de instancias de reflexión acerca de la división sexual del trabajo:

> Me acuerdo debates con las "compañeras" de "me tengo que ir"... Digamos, la asamblea tenía el tope horario de "me tengo que ir a cocinar a mi marido", cosa que actualmente está, pero ya las "compañeras" con su ingreso consolidado... toda una serie de cuestiones. Era parte del debate y del laburo que teníamos con las "compañeras".

La cita también expone el criterio de interpretación de "género" que algunos/as "militantes" proponen asignarle al cobro de los planes sociales. Profundizando esta cuestión afirmaba Ignacio:

> Digo, pensalo que había talleres de género, el tema de la independencia del marido, se da toda una cantidad de cosas ahí donde la teoría de la independencia está todo bien en términos filosóficos, pero si no hay un mango... Y ahí la lucha por el salario adquiere una relevancia porque es la posibilidad de plasmar un ingreso por fuera de tu marido.

La situación de la "mujer", que integra el conjunto de problemáticas que el movimiento aborda en su "agenda", aparece en los testimonios vinculada a la evaluación que los/as "militantes" realizan de la experiencia de las migrantes de Altos de San Lorenzo. De esta manera, las representaciones sobre su "subordinación doméstica" mantienen un correlato con las actividades que se realizan en el espacio.

Sin embargo, el universo de significaciones dinamizadas por los/as "militantes" acerca de las "compañeras bolivianas" también implica relegar dimensiones del hacer organizacional. Por ejemplo, las problemáticas vinculadas a su reconocimiento como "extranjeras" o "inmigrantes" por parte de las agencias públicas no forma parte del conjunto de acciones del colectivo. Mariana daba cuenta de esta "deuda" que mantiene el movimiento:

> Una tarea pendiente que tenemos y que podríamos hacer y no lo tomamos porque es una tarea muy puntual, [es la] de acompañar en el tema de la regularización de la documentación, de la nacionalización. Eso como organización no lo hacemos, el acompañamiento, porque realmente no nos da el cuero. Hemos acompañado a "compañeras" puntuales pero no es que sabemos; las "compañeras" saben más cómo tramitar su documento que nosotros.

Las tensiones entre extranjería y ciudadanía expuestas en el testimonio no han encontrado lugar en el desarrollo político de esta organización. En este sentido, la "mediación" política que se lleva adelante a través del movimiento resulta de la articulación de la experiencia de las mujeres de Altos de San Lorenzo con el repertorio de temáticas que el mismo desarrolla. Y en esta articulación no habilita una trasposición mecánica como *peticiones* o *reclamos* de las dificultades identificadas.

Finalmente, la atribución de ciertas características específicas a las "compañeras bolivianas" también se conecta con las modalidades de esta "mediación". Según la interpretación de algunos/as de nuestros/as entrevistados/as, el desarrollo de "la lucha" recibe un fuerte impulso debido a los atributos "culturales" de las personas provenientes de Bolivia. Nos decía también Ignacio:

> Las compañeras bolivianas son altamente combativas, luchadoras. Entonces, en ese plano, nunca le hicieron asco a la lucha. Nosotros, desde el 2002 [basamos] la participación en la lucha y todo... Eso, bueno, ha dejado afuera a un montón de gente que por ahí no la veía, no llevó el proceso y por ahí no la entendió y no se sumó. En ese sentido, nunca una persona boliviana se fue por no estar de

acuerdo con luchar. En todo caso se fue por otra cosa pero no por la lucha. La lucha la traen en la sangre de su país digamos... [Los/as "militantes"] no lo enseñamos, aprendemos.

Aspectos "culturales" y relativos a su situación jurídica le otorgan a las mujeres de Altos de San Lorenzo, de acuerdo con el criterio de los/as "militantes" que asisten al espacio, características particulares. Mientras algunas de estas "propiedades" atribuidas son valoradas en el marco de las relaciones que la organización entabla con las agencias estatales, otros elementos son definidos como marginales a la acción del movimiento. Por lo demás, estas interacciones no agotan los procesos de "mediación" que realizan los/as activistas que se acercan al barrio.

3.2. La mediación "cultural"

Diferentes testimonios explicitan que la participación de "militantes" en el vínculo que las mujeres de nacionalidad boliviana entablan con diferentes instancias de la "sociedad receptora" no se limita al accionar de la organización. Los lazos creados en la participación cotidiana también funcionan como un capital social al cual las migrantes pueden recurrir para resolver cuestiones que les resultan problemáticas. Estas asociaciones no son consideradas por nuestras entrevistadas como acciones colectivas, sino que se perciben como favores que se prestan en función de una relación personal.

Los ejemplos son muy variados. Algunos implican el cobro de programas sociales que se gestionan de forma individual, como la tramitación de la Asignación Universal por Hijo en las dependencias de la ANSES, y otros relatos exponen ayudas brindadas por "militantes" en la enseñanza de la utilización de cajeros automáticos, en el giro de remesas en diferentes bancos, en la tramitación de pensiones en el Instituto de Previsión Social, etc.

Vanesa exponía otras situaciones en las cuales sus "compañeras" habían recurrido a ella:

> Hay otro tipo de relaciones, hay confianza cuando compañeras tienen problemas puntuales que las exceden, problemas de salud. Compañeras que han necesitado orientación con el tema del aborto, una de las problemáticas en general de las mujeres. Ha habido casos de "compañeras" que quedan embarazadas y recurren digamos a vos, no teniendo un vínculo así de amistad, pidiendo asesoramiento, por esto de que te digo, tienen referencia de que

uno por ahí conoce quién puede orientar... o problemas de salud
en general.

En todos los casos mencionados, las migrantes de Altos de San
Lorenzo se acercan en busca de ayuda a los/as "militantes" del
movimiento del que forman parte porque no disponen de la información suficiente para solucionar sus problemáticas o porque encuentran dificultades en la interacción con los/as funcionarios/as
encargados/as de atender a sus solicitudes. Las limitaciones de las
redes de contactos de las que participan, así como las tensiones
propias de la comunicación intercultural (potenciadas, según lo
afirman las migrantes, por actitudes discriminatorias de distintos agentes institucionales) movilizan a estas mujeres a valerse
de los lazos construidos en el comedor con personas argentinas,
blancas, que accedieron a niveles educativos superiores y que a
lo largo de sus trayectorias establecieron complejos nexos (laborales y militantes) con agencias y organismos estatales.

De esta manera, la participación en la organización también
posibilita el acceso a un capital "burocrático", que consta de un
repertorio de saberes acerca de las instituciones proveedoras
de recursos públicos y de los modos de gestión de los mismos. Y,
en la medida en que portan este capital y lo ponen en juego en
beneficio de sus "compañeras de base", consideramos que los/as
"militantes" también desarrollan un tipo de mediación "cultural".

4. Racionalidad burocrática y hegemonía

Las relaciones de interlocución entre organizaciones sociales
e instituciones estatales definen modalidades de interpelación
específicas que se constituyen privilegiando registros culturales
particulares no necesariamente compartidos por el conjunto de la
población. Como lo hemos expuesto en este capítulo, las migrantes
bolivianas que asisten al comedor comunitario de Altos de San
Lorenzo encuentran dificultades de diverso tipo en el desarrollo
de diferentes vínculos institucionales. Estos impedimentos implican la percepción de actitudes discriminatorias que tendrían
los/as funcionarios/as, pero no se restringen a éstas sino que
señalan la desigual distribución de las habilidades necesarias
para entablar interacciones legítimas con el entramado estatal.

A pesar de su carácter confrontacional, las "medidas de lucha"
como los cortes y las marchas, la presentación escrita de reclamos
y peticiones, la argumentación de las demandas, la utilización

de diferentes personerías jurídicas y el resto de los mecanismos empleados para movilizar a un sujeto político de clase son producciones culturales, documentos autorizados por una "lógica política" que tramita el conflicto social por su intermediación. Entonces, al igual que en la construcción de cualquier tipo de "material cultural", su manufactura necesita de la utilización de ingredientes, herramientas y procesos productivos específicos que han sido sedimentados en el transcurso del devenir social.

Para formar parte de espacios de interacción con instituciones y funcionarios del Estado, resulta necesario desarrollar un determinado canon lingüístico. En nuestra revisión de las intervenciones del movimiento en estas interfaces, hemos dado cuenta de un abanico amplio de registros discursivos (que se extienden, por ejemplo, desde el "lenguaje de derechos" hasta la articulación de narrativas históricas y de referencias políticas que caracteriza el "discurso militante"). Estas variaciones se cimientan en un bagaje de conocimientos y de destrezas en los usos de la lengua que se conectan con los principios culturales sostenidos por la acción pedagógica oficial y que resultan operativos en diversos ámbitos de la vida social –incluidos los espacios políticos–.

El uso de los tiempos verbales, la utilización de fórmulas canónicas para la realización de pedidos o el abanico de intertextualidades legítimas para cada presentación resultan elevadamente convencionalizados, permitiendo su diferenciación de los intercambios simbólicos habituales que realizan las mujeres de Altos de San Lorenzo.

En este mismo sentido, es importante destacar que en el marco de sus negociaciones, especialmente cuando apelan a lo que denominan sus "herramientas legales", quienes integran la organización desarrollan ciertas lógicas de relación social que caracterizan algunas de las interacciones de los sujetos (individuales y colectivos) con el Estado. La racionalidad impersonal, anónima, que domina las formas burocráticas del vínculo social es, por supuesto, una racionalidad aprendida y culturalmente determinada. Su ejercicio, por lo tanto, requiere de saberes específicos diseminados en numerosas prácticas mediadas burocráticamente. En el caso de los "militantes", los ámbitos escolares, los trabajos en dependencias de organismos públicos y la propia práctica política constituyen experiencias que fortalecen el dominio de su temporalidad y de sus patrones de intercambio –regidos por los "certificados" y las "documentaciones"– y posibilitan la habilidad para gestionar –con diversos niveles de cooperación y conflicto– el acceso a los beneficios que brindan estas agencias. Así, el "capital burocrático" que reconocíamos en la mediación cultural que realizan los/as "militantes" también se evidencia necesario para el desarrollo de una subjetividad que transforme en demanda política al entramado estatal los procesos de organización social.

Por otro lado, la propia estructuración interna del comedor comunitario distribuye los roles en función de la capacidad de las personas de realizar las "producciones culturales" necesarias para la reproducción de la vida organizacional. Salvo las actividades vinculadas a la preparación de alimentos y el trabajo en las cooperativas, el resto de las tareas estipuladas, especialmente aquellas que implican algún tipo de conexión directa con las agencias gubernamentales, demandan saberes que integran la "racionalidad oficial".

Eugenia mencionaba la necesidad de cierta capacidad de cálculo como requisito para ejercer el rol de "porcentaje" y nos explicaba que sus años en el colegio secundario le habían dado esa habilidad que no compartía la mayoría de las integrantes del comedor. Las tareas de "administración" que realiza Lidia, al centrarse en la colecta de documentación y la realización de listas, también se vinculan con los saberes burocráticos que la escolaridad ayuda a desarrollar. Finalmente, tanto las "delegadas" de los grupos de trabajo como aquellas que "cubren" la "asamblea del movimiento" se eligen entre las mujeres que poseen un nivel de alfabetización suficiente para registrar por escrito las discusiones y poder reproducirlas entre sus "compañeras" del barrio. Observamos, así, que todas estas actividades se realizan a partir de dominar ciertas "tecnologías del intelecto" (Goody, 1985) con las cuales se realizan las "producciones culturales" que venimos describiendo.

De esta manera, la posesión de saberes específicos resulta una variable importante en la participación de las personas en las interfaces con diferentes agencias institucionales. Al mismo tiempo, los procesos de división interna del trabajo y de los roles en el comedor comunitario de Altos de San Lorenzo también se desarrollan considerando la capitalización educativa de los/as integrantes del espacio. Entonces, la vinculación entre las producciones necesarias para integrar la "lógica política" nacional y la reproducción de las actividades de la organización evidencian la capacidad de circulación de algunos de los parámetros culturales dominantes.

5. Imbricaciones entre organización y "territorio"

El comedor se compone de algunos/as pocos/as "militantes" argentinos/as de clase media y de un grupo numeroso de "compañeros/as de base" entre los/as que se destacan claramente las mujeres bolivianas. Esta composición también se expresa en el reconocimiento del espacio que realizan otros/as hombres y mujeres que no poseen vínculos directos con miembros del colectivo. Para numerosos/as habitantes del barrio, la presencia de migrantes, tanto como las posibilidades de acceso a recursos económicos que brinda, son aspectos relevantes en la caracterización que realizan del mismo.

En el relato de los/as habitantes de la zona éste es un comedor "de bolivianos/as" y esta caracterización condiciona en cierta medida la voluntad de integrarse o no en él. Su "bolivianización" se vincula estrechamente con su articulación en las redes de migrantes que se asientan en Altos de San Lorenzo al menos desde la década de 1990. Madres, hijas, primas, cuñadas, sobrinas, vecinas y amigas –de origen y destino– son destacadas como agentes de los circuitos informacionales relativos a las actividades de la organización que propician el ingreso de nuevas integrantes. A través de su inserción en estos circuitos, muchas mujeres decidieron sumarse al colectivo dinamizando un proceso de paulatina vinculación entre el movimiento y las redes de bolivianos/as que, por aquellos años, comenzaban a constituirse en la zona.

Sonia arribó a Altos de San Lorenzo en el año 2000. Junto con su marido se habían decidido por esta zona porque allí se encontraba su padre y otros/as tarateños/as conocidos/as del matrimonio. Al poco tiempo de llegar, una amiga de la infancia la convenció de acercarse a una biblioteca popular a retirar mercadería. De esta manera, Sonia conoció a Ignacio y al grupo formador de lo que se transformó en el actual comedor:

> — Antes no era ni comedor, nada. Porque nosotros íbamos a 79 y 19, ahí había una casillita. Después se quemó eso y llevamos [el comedor] a nuestro barrio. Ahí fuimos a la casa de una "compañera" que se llama Teresa, casi un año, dos años ahí.
>
> — ¿Antes era una casa?
>
> — De una "compañera" nomás. Ahí llegaba mercadería, cocinaba. Ahí yo también conté a algunas "paisanas", porque mercadería daban, antes daban bien mercadería, paquetes llevábamos, no estábamos tanta gente (...) Después, lo que tenemos ahora come-

dor [se refiere al espacio físico donde se encuentra actualmente], agarramos, repartimos terrenos, nos juntamos todos los días. Ahí yo también conté, "vamos a movilizar, hay muchos planes". Ahí se acercaron otras también.

Esta imbricación entre organización y "territorio" (Ferraudi Curto, 2009) aporta algunas de las características fundamentales tanto del comedor como del barrio, ya que –de acuerdo a la percepción de las mujeres– genera un ámbito de socialización particular. A pesar de no retomar en su "agenda" aspectos primordiales de la experiencia migratoria y de relegar a la mayoría de las bolivianas de los espacios de decisión, su dinámica de funcionamiento favorece la constitución en la zona de una trama de sociabilidad entre migrantes que resulta clave en sus dinámicas de incorporación. Para profundizar estas cuestiones, en el siguiente capítulo retomamos sus trayectorias y los sentidos de la *bolivianidad* que formulan.

Heterotopías (neo)nacionales: de las trayectorias migratorias a la construcción de una *bolivianidad* situada

> "... aunque las personas puedan imaginarse a sí mismas en un tiempo homogéneo y vacío, no viven en él. El espacio-tiempo homogéneo y vacío es el tiempo utópico del capitalismo. Linealmente conecta el pasado, el presente y el futuro, y se convierte en condición de posibilidad para las imaginaciones historicistas de la identidad, la nacionalidad, el progreso, etc., con las que Anderson y otros autores nos han familiarizado. Pero el tiempo homogéneo y vacío no existe como tal en ninguna parte del mundo real. Es utópico. El espacio real de la vida moderna es una heterotopía".
> Partha Chatterjee, 2007: 62.

Sabemos que la crítica poscolonial a la conceptualización de la nación de Benedict Anderson se asienta en el reconocimiento de las diferentes experiencias sociales que configuran la nacionalidad. Mientras que Anderson afirmaba que este tipo de identidades se formaron gracias a la invención de la imprenta, a partir de la circulación amplia de periódicos y novelas que permitieron a los sujetos la posibilidad de imaginar por medio de la lectura un tiempo y un espacio común que compartirían –el espacio homogéneo y vacío de la nación entendida como "comunidad imaginada" (Anderson, 2007)–, Partha Chatterjee propone recuperar la noción de heterotopía para problematizar la nacionalidad al afirmar que se compone de lugares, tiempos y relaciones heterogéneas.

De acuerdo con este autor, la propuesta de Anderson captaría correctamente el modo de funcionamiento del nacionalismo cívico –basado en las libertades individuales y en la igualdad de derechos– que se establece por medio de formas anónimas de sociabilidad de gran alcance, filiaciones que se realizan en el vínculo abstracto que cada sujeto entabla con la "comunidad imaginada" a través fundamentalmente de la lectura de periódicos y novelas. Sin embargo, cuando Chatterjee busca reconocer las especificidades del proceso de surgimiento del nacionalismo en Asia y África, reconoce la participación simultánea de los sujetos en lógicas atemporales y la emergencia de modos particularistas de la adscripción, que se constituyen reclamando un trato diferenciado para determinados grupos.

Alimentando este debate, Alejandro Grimson (2007) reconstruye tres perspectivas sobre la "cuestión nacional". Por un lado, identifica el planteo "esencialista" que supone un elevado grado de correspondencia entre nación, cultura, identidad, territorio y Estado. Desde esta mirada, un determinado grupo humano circunscripto territorialmente desarrolla una configuración identitaria y cultural que se expresa institucionalmente. El autor destaca que frente a esta concepción se plantea la mirada "constructivista", que afirma que la comunidad no tiene rasgos propios –es "imaginada" en los términos de Anderson– y se produce como resultado de un proceso en el que intervienen diversos actores. Ambos planteos conciben de modo inverso la relación entre cultura y política: para el primero de ellos una base cultural (e identitaria) provocaría la emergencia de un entramado institucional, mientras que para el segundo es esta instancia de poder la que posibilita la "imaginación" de lo común.

Para salir de la dicotomía, Grimson señala que es posible reconocer la existencia de parámetros culturales que no son sólo imaginarios y, para abordarlos, desarrolla la propuesta de una perspectiva "experiencialista" de la nación. La misma coincide con los enfoques "constructivistas" en afirmar que la identificación nacional es construida y contingente, pero se diferencia porque enfatiza la sedimentación de esas construcciones en la configuración de dispositivos culturales y políticos que condicionan la vivencia. A su vez, parte de presuponer que las personas de una nación comparten algo, pero se aleja del "esencialismo" al considerar que no comparten una serie de atributos sino una experiencia histórica, algunos de cuyos principales hitos y momentos pueden ser reconstruidos y analizados. En síntesis, afirma que esa experiencia histórica nacional es configurativa de modos de percibir, significar, sentir y actuar (Grimson, 2007).

En los planteos de Grimson y Chatterjee, entonces, la pregunta por "lo nacional" es una pregunta por las condiciones y formas específicas en que los sujetos se figuran esta pertenencia común. Estas identificaciones se traman en el marco de las vivencias que los sujetos mantienen en contextos concretos, presentando diversas maneras de sentir y producir la nación.

En Altos de San Lorenzo la *bolivianidad* es un atributo fundamental en el proceso de asentamiento de migrantes en la zona
y en el desarrollo del comedor comunitario. Asimismo, en estos
espacios se van constituyendo formas de "ser boliviano/a" que
articulan la pertenencia de forma específica. En este capítulo
buscamos dar cuenta de un modo de concebir la identidad que
la liga a las dinámicas de sociabilidad barrial y a los procesos de
adaptación a la vida en un nuevo contexto, y la distingue de los
sentidos políticos que la bibliografía destaca especialmente entre
referentes de asociaciones y activistas culturales (Grimson, 1999;
Gavazzo, 2004; Caggiano, 2005). En este barrio, la identidad migrante aparece como equivalente de una experiencia compartida
(como emergente de la experiencia de compartir los problemas,
temores y satisfacciones de las nuevas vivencias que supone la
migración) y como nominación de ámbitos de intercambio en
los que las personas se sienten contenidas. Es decir, aquí emerge
un nacionalismo afectivo disociado de las búsquedas de reivindicación pública de la alteridad y referido continuamente a la
constitución de Altos de San Lorenzo como *barrio de bolivianos*.

Comenzamos reconstruyendo el proceso de asentamiento en
la zona a partir de una indagación profunda en algunas experiencias particulares. Nos centramos en las trayectorias migratorias
señalando los lazos sobre los que las personas desarrollaron su
itinerario en Bolivia y Argentina. Por motivos de economía tex-
tual, a continuación repondremos sólo ocho relatos breves que
nos permiten exponer las características (y recurrencias) principales que encontramos en los testimonios recogidos durante
nuestro trabajo de campo.

1. Redes, trayectorias migratorias y asentamiento en Altos de San Lorenzo

Tarata es un pequeño caserío semi-rural situado en el sur
del departamento de Cochabamba, a 29 km de su capital. Este
antiguo pueblo que aún preserva numerosas construcciones de
tipo colonial, cuenta con una población aproximada de 8.700 habitantes, la mayoría de ellos/as dedicados/as a las actividades
agropecuarias en las zonas rurales del territorio (INE, 2001). De
allí, a fines de la década de 1980 y con 22 años de edad, partió
Marina para encontrarse con su marido.

Unos meses antes que ella, Eloy había recorrido el camino que
une Tarata con la ciudad de La Plata, esperando hallar mayores
oportunidades laborales y esperanzado porque en el Hospital San
Martín de esa localidad podría "hacerse curar" de los problemas
que sufría en sus oídos. Los tíos de Eloy, que fueron quienes más
insistieron a la joven pareja en que migre y se asiente junto a ellos,
los hospedaron en su casa durante algunos meses. Sin embargo,
pronto Marina y su marido se sintieron en condiciones de formar
su propio hogar. Para ello –y con el apoyo de sus tíos– decidieron
ocupar un lote y construir una casilla de madera. El incipiente
asentamiento que ayudaban a extender era, por aquellos años,
un enorme descampado en el que vivían unas pocas familias, tres
de ellas vinculadas parentalmente a Eloy.

A pesar de estos lazos y del paisaje semi-rural del lugar, Marina
comprendió que la vida allí implicaría el aprendizaje de nuevos
modos de trabajo. El cultivo de maíz, habas y papas que había sido
su principal actividad económica durante la adolescencia no era
una labor que se realizara en la zona. Entonces, la estrategia que
implementó para sobrellevar los aumentos constantes de precios
que caracterizaron "la época de la hiperinflación" fue la de asistir
a un comedor comunitario que se encontraba a algunos cientos
de metros de su casilla.

Luego de acudir algunos años "a retirar comida al comedor de
Antonio", en 1992 Marina se enteró de que existía la posibilidad de
ingresar en un plan de trabajo municipal que beneficiaba a madres
de familia. En una entrevista realizada en el comedor afirmaba:

> — Una temporadita entré al Plan Familiar, de los chicos que tengo
> más chiquitos ya. Iba a trabajar en la Municipalidad, haciendo la
> limpieza de la vereda.
>
> — ¿La ayudó Antonio?
>
> — Sí. De ahí nos llevaron a la Municipalidad a hacer anotar. Y ahí
> me decía "anotate" y ahí trabajé haciendo la limpieza de las vere-
> das. Trabajé dos, cuatro años trabajé ahí.

Por aquellos años, Eloy realizaba changas como asistente de
un albañil boliviano. Así, entre los ingresos de ambos, pudieron
ir construyendo poco a poco una vivienda de mayores dimensiones con algunas habitaciones de material. El proyecto de ampliación de la vivienda tuvo un fuerte impulso hacia 1993 cuando la
pareja decidió compartir el espacio con la familia de la hermana
de Marina.

Estefanía y su familia habían dejado Tarata unos años después que Marina. Su marido había iniciado la migración en 1992, quedando ella con sus tres hijos aguardando su retorno. Cuando Wilde finalmente fue a buscarlos, la familia partió hacia Laferrere donde vivía la cuñada de Estefanía. Sin embargo, cinco o seis meses después, el matrimonio tomó la decisión de mudarse a La Plata.

El 14 de junio de 2011 diferentes organizaciones piqueteras realizaron una Jornada de Lucha Nacional para exigir el aumento de las prestaciones por el Programa Argentina Trabaja. En el ingreso de la autopista La Plata-Buenos Aires unas doscientas personas nos distribuíamos para impedir la bajada a los vehículos que arribaban desde Capital Federal y la subida de los que se dirigían hacia allí. Mientras sentadas a un costado sus "paisanas" y "compañeras" tomaban mate y conversaban entre sí, Estefanía rememoraba los diálogos con su hermana y explicaba por qué habían dejado Laferrere:

> Mi hermana ya estaba viviendo en La Plata. Entonces ella viene y me dice: "vámonos a la casa que tengo mucho espacio, ¿para qué estás ahí?" y por eso nos vinimos aquí a La Plata.

A diferencia de Marina, Estefanía no logró integrarse en el programa laboral que beneficiaba a su hermana y se dedicó principalmente a las tareas domésticas. Wilde, por su parte, pudo incorporarse a los trabajos de albañilería que realizaba Eloy. Durante tres años estas hermanas –junto con sus hijos/as y maridos– compartieron la vivienda y contribuyeron a la ampliación de la casa de Marina, hasta que hacia 1996 Estefanía y Wilde compraron un "terrenito" a dos cuadras y comenzaron a edificar su propio hogar.

Los lotes, que abundaban a comienzos de la década, comenzaron paulatinamente a habitarse limitando las posibilidades de "ocupación" y aumentando el precio de aquellos que se comerciaban. Hacia el año 1999 otra familia tarateña arribada al barrio descubría que necesitaría varios años de ahorro para poder acceder a una vivienda propia.

Al igual que los casos anteriores, la migración de Felipa tuvo como preludio la partida del marido. Como Oscar había conseguido un trabajo en la construcción y un cuarto en alquiler en Avellaneda, hacia allí se dirigió esta mujer con sus dos hijos. Y también en sintonía con lo presentado previamente, la presencia numerosa de familiares los decidió a mudarse a La Plata antes de cumplirse un año de su estadía en el Gran Buenos Aires.

Durante el descanso de una jornada de trabajo en una de las huertas que posee la organización, Felipa relataba su proceso de asentamiento en el barrio:

> Primero vivía en la casilla de mi tío porque mi tío tenía ahí una casillita, terreno y ahí vivía. Llegamos ahí: tres años, cuatro años estuvimos. Después había otro tío, otro año también estuvimos. Hace seis años... Ahora ya tengo casita.

Y detalló cómo fue el proceso de compra:

> Los bolivianos siempre compramos de algún argentino que vende. Yo, digamos, de un argentino yo compre por $4000. Yo vivía en la casilla de mi tío y al lado de mi tío vivía el argentino. Cuando quiso vender yo me compré: así compra y venta, entre nosotros nomás hacemos papel y dos testigos, mi primo y la otra vecina firmaron y quien está vendiendo. Un papelito nomás.

En Altos de San Lorenzo, Felipa se reencontró con muchas de las personas presentes en la cotidianidad de su vida en Bolivia: familiares y amigas con las cuales compartía los viajes y la sociabilidad de la feria cochabambina a la que asistían dos veces por semana para comercializar las verduras que se producían en Tarata. Estas conocidas del terruño fueron las que la introdujeron en las lógicas de los comedores comunitarios, primero para asistir a ellos a retirar alimentos y luego para considerarlos espacios de oportunidades laborales.

Otra de las compañeras de Felipa en la cuadrilla que se encontraba en el otoño de 2011 en aquella huerta es Leonor. Ella y su marido también nacieron y se criaron en Tarata, y en el año 1994 partieron hacia "el Chaparí[1]", a un día de colectivo en el camino hacia el oriente tropical del país. Allí, junto al padre del marido, la joven pareja (Leonor aún no cumplía los 20 años) se dedicó durante una temporada a la producción de arroz, pero las condiciones climáticas "en el Chaco" los llevaron a emprender el retorno hacia su región natal.

Leonor afirmaba sentir vergüenza de hablar en público en castellano, por lo que las entrevistas con ella debían realizarse

---

1. Leonor nombra "Chaparí" a lo que la denominación oficial llama la "Provincia de Chapare", ubicada en el norte del departamento de Cochabamba. Es una región productora de hoja de coca, lo que resulta un factor de atracción de migraciones desde otras zonas de Bolivia (Giorgis, 2004).

cuando no la escuchaban sus compañeras. Una mañana en la huerta mientras sus compañeras trabajaban accedió a grabar su explicación acerca del "problema del Chaco" y el resto de su itinerario migratorio. Allí afirmaba que la humedad, el calor y los mosquitos volvían muy dificultosa la vida en aquella zona. Por este motivo, decidieron migrar hacia el "Camino Negro"[2], donde vivía una tía y su marido podía trabajar en la construcción mientras ella se dedicaba a cuidar a sus hijos.

Luego de diez años en Lomas de Zamora, Leonor pudo comprarse un terreno y construir una casa. A su vez, tuvo tres hijos que se sumaron a Juan, que tenía un año y medio cuando arribaron a la Argentina. Sin embargo, en 2004 el marido de Leonor decidió partir hacia un nuevo destino migratorio: España. A pesar de que prometió volver a buscarla, ella no quiso esperarlo en el Gran Buenos Aires y decidió mudarse hacia La Plata.

> No teníamos allá ningún pariente, nadie. Aquí mi pariente, más parientes: mi hermano, mi cuñada también, mi padre.

Leonor, con ayuda de su familia, pudo comprarle una casilla a un vecino de su hermano. Y gracias a su cuñada y a su prima consiguió su primer trabajo rentado: integrarse al grupo de "Copa de Leche" del comedor comunitario como contraprestación de un plan de asistencia social.

1.1. Redes, capital social y la conexión translocal

Que las redes –especialmente familiares– cumplen un rol relevante en la orientación del flujo migratorio hacia determinados destinos geográficos y ocupaciones laborales, es una constante en la bibliografía sobre la temática. A pesar de que las causales de las dinámicas migratorias son objeto de discusión, existe cierto consenso en considerar que "las condiciones que inician el movimiento internacional pueden ser muy diferentes de aquellas que las perpetúan en el tiempo y en el espacio" (Massey *et al.*, 2000: 26). En este sentido, si bien los diferenciales salariales, la percepción de riesgos familiares, los esfuerzos de reclutamiento de mano de obra en los contextos de recepción y la interpenetración

---

2. Camino Negro es el nombre con el que se conoce popularmente a la Ruta Provincial secundaria 063-01 ubicada en el partido de Lomas de Zamora, en el sur del Gran Buenos Aires, entre el Puente de la Noria y el Camino de Cintura.

de los mercados son propuestos como aspectos determinantes en la génesis de los flujos, otros fenómenos, como la conformación de lazos entre los arribados, aparecen como factores explicativos del fortalecimiento de los procesos de movilidad y de la dirección que éstos adquieren en las sociedades de destino.

En nuestro país, diversos trabajos han dado cuenta de que "la intensidad y tradición de las migraciones de los bolivianos a la Argentina remite tanto a condiciones estructurales de los países de emigración y destino como a la existencia de lo que se ha denominado *comunidades de migración*", que implicarían "formas particulares de organización de los residentes en el exterior a la vez [que] entre éstos y sus regiones de origen" (Balan, 1990: 276). De esta manera, los estudios señalan que las conexiones interpersonales –como el "parentesco", el "paisanaje" y la "vecindad"– son factores determinantes tanto en la provisión de ayudas instrumentales a los recién llegados –especialmente en lo que respecta a sus posibilidades de acceder a oportunidades laborales– como en la constitución de espacios de "sociabilidad boliviana" (Benencia y Karasik, 1994: 278).

En lo expuesto precedentemente hemos observado la importancia de los vínculos familiares en la selección de los lugares de asentamiento de las mujeres entrevistadas. Las posibilidades de acceso a lotes y viviendas (por medio de adquisiciones comerciales o por la posibilidad de compartirlos) y la información respecto a las oportunidades laborales –entre las que se encuentran los comedores– y sanitarias con las que contaron se vinculan con su inserción en redes de parentesco. En este sentido, estas conexiones definen formas de "capital".

Alejandro Portes recupera la noción desarrollada por Pierre Bourdieu según la cual el capital social sería "el conjunto de los recursos actuales o posibles que están vinculados a la posesión de una red duradera de relaciones más o menos institucionalizadas de conocimiento o reconocimiento mutuo" (Portes, 1999: 245). El sociólogo cubano-estadounidense, a su vez, aclara que la definición puede descomponerse en dos elementos: "primero, la propia relación social que permite a los individuos reclamar el acceso a los recursos poseídos por sus asociados, y segundo, la cantidad y calidad de esos recursos" (Portes, 1999: 245).

De esta manera, la fortaleza de los vínculos familiares y la vehiculización de los recursos y la información que sostienen aparecen en la base de la conformación de un núcleo de tarateños/as en una zona específica de la periferia platense. Desde finales de la década de 1980 numerosos habitantes de aquel pueblo rural, que siguieron diferentes itinerarios migratorios, han llegado al barrio motivados por la presencia de sus parientes y antiguos vecinos y por las ventajas de la zona que éstos les dieron a conocer. La agregación de experiencias ha ido delimitando una fuerte conexión trans*local* entre Tarata y este barrio platense que se expresa en diversas actividades como la realización de la Fiesta de San Severino[3]. Así observamos que la consolidación de los circuitos migratorios se vincula estrechamente con el capital social preexistente (y los recursos que el mismo habilita) y, como veremos posteriormente, con las dinámicas de socialización en destino. Ahora bien, además de la densidad de las redes entre tarateños/as, dejemos constancia de otras trayectorias migratorias que también atraviesan la zona.

1.2. Confluencia de otras trayectorias migratorias

Rosario nació en la ciudad de Sucre a finales de la década de 1970, pero de muy pequeña fue con sus hermanos mayores hacia la periferia de Santa Cruz de la Sierra, donde vivían sus padrinos. Siendo niña comenzó a trabajar en la quinta de su padrino, pero pudo completar sus estudios primarios y llegar hasta la mitad de la escuela secundaria. Sin embargo, debió dejar el colegio antes de finalizarlo ya que sus tutores no podían afrontar el arancel educativo. Ante esta situación sus hermanos –que trabajaban como albañiles en Santa Cruz– la convencieron de que se mudara a la ciudad.

En Santa Cruz, con 15 años de edad, la adolescente fue empleada con cama adentro en la casa de una familia conocida de uno de sus hermanos. Allí, la "señora" la ayudó a finalizar el colegio durante la noche y la incentivó para que realice un curso de "corte y confección".

Tres años después, Rosario trabajaba en una verdulería de una "señora boliviana" en Lomas de Zamora: nuevamente seguía los pasos migratorios de sus hermanos.

---

3. San Severino es patrono del Municipio de Tarata: en Altos de San Lorenzo, al igual que en la localidad boliviana, la celebración de su festividad se realiza el último domingo de noviembre.

En una entrevista realizada en el comedor comunitario, Rosario explicaba cómo entiende la inserción laboral de los/as migrantes y nos introducía en un nuevo giro de su devenir:

> Cuando venís de Bolivia, como no conocés bien cómo es el manejo acá, vos trabajabas con lo que te decían, por el precio que te ponían. Vos trabajas de callado, no decís nada porque no sabés nada de lo que es acá todavía (...) Después, ya fui conociendo y haciéndome amigas con otras que ya hacía un tiempo que estaban acá viviendo. Y bueno, ahí me comentan que acá en la verdulería te matás trabajando con cosas pesadas y un sueldo mínimo. Y dice que podías salir a otro lado a trabajar, que estás un poco mejor y ganás un poco más. "Ah, bueno" le digo y me preguntan si alguna vez había trabajado en la costura: "sí, justamente había estudiado corte y confección" le digo. "Ah, bueno, si ya sabés mucho mejor todavía, porque depende a lo que sepas también ganan" me dice.

Rosario comenzó a trabajar –y a vivir– en un taller textil en Lomas de Zamora, donde conoció a "un muchacho" con el que tuvo su primer hijo. Durante la crisis de 2001-2002, luego de varias discusiones sobre el destino de la familia, Rosario decidió irse a vivir a la casa de una tía, mientras que el padre de su hijo retornó a Bolivia.

Tras una segunda experiencia en un taller de Lomas de Zamora, consiguió ingresar en otro taller en el barrio de Flores de la Capital Federal. Pero al cabo de dos años Rosario debió abandonar nuevamente su trabajo. En el taller había conocido a otro costurero proveniente de La Paz y, tras algunos meses de relación, había quedado embarazada. Esta situación motivó la mudanza de la pareja.

> Después agarro, le llamo a mi hermano mayor, le digo estamos más o menos así, no tan bien económicamente... "Venite acá [a La Plata] –me dice– trabajar, va a trabajar tu marido". Hablo con él, "bueno, vamos" me dice. Llegamos ahí y fuimos a la casa de mi hermano. Después mi otro hermano compró terreno acá [en Altos de San Lorenzo] y me llama y me dice "venite acá, vas a vivir acá". Agarramos y nos vinimos acá.

En el año 2005 el matrimonio se mudó a Altos de San Lorenzo. Allí no sólo su esposo accedió a un trabajo; a la semana de llegar una vecina del hermano invitó a Rosario a integrarse a un comedor comunitario donde rápidamente consiguió un plan de asistencia social estatal.

La conexión con Santa Cruz no es sólo una opción para quienes provienen de Sucre. Desde Mamanaca, en el departamento de Cochabamba, Santusa partió con 22 años de edad hacia el oriente, donde se encontraba su marido. Una vez instalada, la joven comenzó a trabajar vendiendo verdura, hasta que logró hacerse de un pequeño capital que le permitió alquilar un puesto y vender carbón en la zona de la terminal de esa ciudad. Cinco años después, la pareja volvía a migrar, esta vez hacia la República Argentina.

En 1995 Antonio arribó a la ciudad de La Plata. Allí consiguió un trabajo como empleado de la construcción y dio con la posibilidad de adquirir un terreno en un asentamiento en Altos de San Lorenzo. Entonces volvió a Santa Cruz a buscar a Santusa y juntos se instalaron en lo que era entonces una zona semi-rural, donde la ciudad llegaba a su fin antes de que comenzaran a extenderse los campos.

En la ciudad de La Plata ella no tenía ningún tipo de conocidos, ya que los familiares que habían migrado hacia la Argentina lo habían hecho en dirección a la región patagónica. Sin embargo, en una de las huertas del comedor esta mujer explicaba cómo fue tejiendo una pequeña red de relaciones:

> Yo no sabía dónde vivía mi familia… sola (…) Después de ahí ya poco a poco salgo a comprar las cosas para cocinar, y ahí encontramos a veces en supermercados así con paisanas. Y ahí me preguntaban yo de dónde era, yo preguntaba, ellos me decían "yo soy de tal parte" y me avisaban el nombre: "cómo te llamas", "yo me llamo X" y así nomás.

Los procesos de asentamiento poblacional en Altos de San Lorenzo, según lo recuerdan las mujeres del comedor, estuvieron fuertemente vinculados con las diferentes tomas de tierras que introdujeron numerosos terrenos al horizonte de oportunidades habitacionales de la zona[4]. Los "nuevos barrios" también recibieron migrantes que alimentaron las posibilidades de encuentros casuales con otras "paisanas". Ante nuestra insistencia, Santusa explicaba los mecanismos de reconocimiento y algunos motivos conversacionales que le permitieron desarrollar vínculos con otras mujeres bolivianas.

---

4. Diferentes trabajos académicos coinciden con esta percepción que expresan las mujeres que entrevistamos. En este sentido, ver Segura (2011 y 2012).

Porque yo entraba y ya sabía que era una paisana. Porque me doy cuenta, en la cara se nota... Siempre andamos nosotros así con zapatos y los argentinos andan con zapatillas y de eso, de los zapatos, ya conocemos. Y ahí nomás saludo, me saluda y le digo "¿de dónde sos? ¿De Cochabamba sos?" me dicen que sí, pero "no soy de Cochabamba, soy de tal parte" y ahí nomás conocimos, hablamos y preguntamos. Yo también pregunté, "mira que yo tenía miedo de subir al micro" porque aquí ponemos moneda, pero en Cochabamba no... Eso yo tenía miedo también. La primera vez que subí al micro no sabía dónde poner las monedas. Y eso pregunté también, "sí, yo también no sabía" y ahí también preguntando. Y ya sé cómo se llama, esas personas conocí ahí y después encontramos de vuelta y hablamos ya. Yo le cuento las cosas que me pasó, ella me cuenta, ahí nomás.

Así, supimos que Sonia y Elisa, otras integrantes del comedor, fueron algunas de las mujeres con las cuales Santusa comenzó a vincularse a partir de reconocer una experiencia compartida. También que, como veremos posteriormente, otras instancias explícitamente marcadas por las identificaciones étnico-nacionales también operan como ámbitos de generación y extensión de lazos de cooperación entre migrantes.

Señor de Maica es un pequeño poblado rural del departamento de Chuquisaca. Allí, al igual que la mayoría de sus habitantes, Rosa se dedicaba desde muy pequeña a las actividades agropecuarias hasta que a los 13 años partió hacia la Argentina.

La reconstrucción de su trayectoria migratoria se basa en una entrevista realizada durante el desarrollo de una manifestación en septiembre de 2011. Numerosas organizaciones sociales y políticas se congregaron frente al Ministerio de Desarrollo Social de la Nación para reclamar la apertura de nuevos cupos en los programas de asistencia social que brinda ese organismo. Las personas que se habían movilizado hacia la ciudad de Buenos Aires desde distintos barrios y distritos de La Plata y el Gran Buenos Aires conformaban rondas sobre el asfalto de la avenida 9 de Julio y en las ramblas que la separan de las calles Lima y Bernardo de Irigoyen.

Aquella tarde, Rosa mencionó que llegó a la ciudad de La Plata –al barrio de Tolosa– en los primeros años de la década de 1990 para convivir con la familia de su hermana. Según su relato, en aquel momento tuvo que optar entre inscribirse en una institución educativa o buscar un trabajo con el cual aportar dinero al mantenimiento de la casa. Entonces la joven comenzó a acompañar a una "señora paceña" a vender condimentos en el mercado regional de la ciudad.

La trayectoria laboral de Rosa continuó vinculada al Mercado. Allí conoció a numerosas personas que comercializaban verdura, por lo que rápidamente abandonó el trabajo de "condimentera" para ingresar en una verdulería. Sin embargo, la baja paga y la posibilidad de mudarse a otro barrio de la periferia de La Plata la llevaron a renunciar.

Luego de algunos años en Tolosa, Rosa se fue junto a su novio (un muchacho boliviano que había conocido en Argentina) hacia Los Hornos: allí habían conseguido una habitación en alquiler. En Los Hornos pudo incorporarse a una verdulería que funcionaba dentro de un "supermercado chino", pero buscando mejores ingresos un tiempo después comenzó a vender diarios en el centro de la ciudad.

Pasados algunos años, un acontecimiento inesperado precipitó su partida: una inundación los motivó a apurar su mudanza. Durante aquella "jornada de lucha piquetera", comentaba cómo había sido este suceso:

> — Lo que pasa… yo en ese momento tenía plata para comprar un terreno, entonces en ese momento vino una lluvia. Justamente se me llenó de agua [la casa] y la señora justo conocía y me avisa que estaba en la venta, que tenía su casita allá, todo, fui así.
>
> — ¿Una señora le avisó? Pero ¿de dónde la conocía?
>
> — Era boliviana. Ella vivía… Bueno, vendía comida ella, entonces ahí la conocí. Íbamos a comer [a su local] entonces le conocí ahí, un negocio que tenía venta.

Cuando arribó a Altos de San Lorenzo, Rosa no tenía conocidos/as en el barrio. Seguía vendiendo diarios en la zona céntrica de la ciudad y dedicándose al cuidado de sus hijos. Sin embargo, en el jardín de infantes al que asistían los niños fue cruzándose con otras mujeres con las que comenzó a socializar. Algunas de ellas le explicaron el funcionamiento del comedor comunitario y la convencieron de que se presente allí:

> — Después conocí así yendo al jardín a la boliviana, me hablaba, de ahí. Donde yo llevaba mi hijo ahí, llevaba ahí y ahí hablábamos y ahí me decía que estaba así en el comedor… entonces ahí…
>
> — ¿Quiénes eran esas señoras?
>
> — Son la Rosario, la Silvia, ¿quién sabía?, la Santusa, varias había.

Francisca proviene de una familia de pequeños comerciantes de la ciudad de Sucre. A diferencia de la mayoría de sus "compañeras" en el comedor, ella pudo dedicarse durante su niñez y adolescencia a finalizar los estudios primarios y secundarios para, luego, iniciar la carrera de Contaduría Pública en la Universidad de Sucre.

Sin embargo, hacia 2007 las dificultades económicas y la falta de expectativas de movilidad social frustraron este proyecto y llevaron a esta joven de 21 años a migrar junto a su novio (otro estudiante universitario, en su caso de Ingeniería Comercial) hacia la Argentina. La pareja se radicó en San Isidro, donde desde hacía algún tiempo se encontraban los tíos de Francisca; con ellos convivieron y trabajaron en un negocio de venta de ropa, hasta que Guillermo ingresó como albañil a una empresa constructora donde podía ganar más dinero.

Dos años después, luego de haberse mudado a una casa propia y con mellizos pequeños, decidieron trasladarse a la ciudad de La Plata. A comienzos de 2012 fuimos un mediodía a encontrarnos con las encargadas de la cocina del comedor comunitario de Altos de San Lorenzo. Allí, mientras Francisca y otras "compañeras" cortaban papas para un estofado, dialogamos sobre su itinerario migratorio. Ella exponía acerca de los motivos por los cuales habían venido a La Plata:

> — Porque mis papás se vinieron más antes que yo [a finales de 2007]. Como estaban por acá ellos, se habían comprado un terrenito, todo eso y estaba solita ya entonces, me vine acá a juntarme con mi familia.
>
> — ¿Estaba sola? ¿Su novio se había ido?
>
> — No, sola no, en pareja... pero estaba sola.

En Altos de San Lorenzo, los padres les regalaron un terreno donde pudieron construir su casa. Mientras ella se dedicaba al cuidado de los niños y a las tareas domésticas, Guillermo continuó desempeñándose como albañil. Sin embargo, a Francisca la vida en esta zona le resultó muy diferente.

> Allá [en San Isidro] casi estuve todo encerrada en mi casa, no salía mucho. Habían, pero no tanto, había paisanos, sí, pero menos. Se dedicaban a otra cosa, casi no paraban en la casa. O sea, no había mucha... no socialicé con muchas personas como acá [en Altos de San Lorenzo]. Ahora con todo el mundo, me siento más como en Bolivia.

Más adelante analizaremos con mayor detenimiento este "sentirse como en Bolivia". Por ahora, constatemos que fue su madre quien la introdujo en ese marco de "socialización" y que fue también a través de su madre que ingresó al comedor comunitario.

2. La construcción de una trama social en el contexto de recepción

Las trayectorias expuestas permiten reconocer algunos aspectos de la trama social entre migrantes provenientes de Bolivia que tiene a Altos de San Lorenzo como un espacio relevante. Por un lado, constatamos que desde fines de la década de 1980 se ha ido constituyendo una fuerte conexión translocal que ubica a este barrio dentro de variados circuitos migratorios que inician en Tarata. En este sentido, los vínculos premigratorios de estas personas dan densidad a un sistema de relaciones familiares y vecinales recreado en un nuevo contexto. Por el otro, hemos observado el emplazamiento en Altos de San Lorenzo de cadenas migratorias que se inician en diferentes ciudades de aquél país. Personas provenientes de poblados del departamento de Chuquisaca, de Cochabamba y de La Paz también arriban a esta zona de la ciudad de La Plata y pasan a ser eslabones de una red en expansión.

A su vez, los relatos presentados también evidencian que la trama social a la que nos referimos se compone de algunos nexos establecidos en el contexto de recepción. Nuestras entrevistadas señalaron a "bolivianas" y/o "paisanas" conocidas en Altos de San Lorenzo u otras áreas de La Plata como agentes del "sistema de oportunidades" al que accedieron en la zona.

Existe cierto consenso en considerar que la fuerza de una relación social está dada, antes que por cercanías estructurales de tipo social, demográfica y/o espacial, por la calidad del reconocimiento recíproco que establecen los/as participantes (Bourdieu, 1990; Coleman, 1990; Putnam, 2000; Burt, 2000; Granovetter, 1973; Portes, 1999). Los distintos autores que han abordado la cuestión se interesaron por los modos en que las relaciones sociales estructuran las oportunidades a las que acceden los/as migrantes: destacan que el desarrollo de lazos estrechos consolida las diferentes grupalidades, mientras que lo que denominan "lazos débiles" se vinculan con "las posibilidades de participación política de los inmigrantes" ya que "actúan a la manera de puentes que permiten establecer conexiones con otras redes densas, y de manera particular con el Estado" (Benencia, 2011: 293).

Siguiendo estas perspectivas cobra relevancia la pregunta por los "tipos de reconocimiento" que operan en la conformación de nuevos vínculos. La reflexión sobre estas dinámicas, a su vez, introduce la cuestión de los espacios donde se desarrollan las relaciones que transmiten el capital social. Entonces, ¿cuáles son los nodos que dan estabilidad y facilitan la ampliación del sistema de relaciones entre migrantes destacado por ellos/as como característico de Altos de San Lorenzo?

2.1. Tipos de reconocimiento y lugares de encuentro

En Altos de San Lorenzo la convivencia y la vecindad son principios de reproducción y ampliación de los nexos de los que participan las mujeres del comedor. Los procesos de sociabilidad cotidiana van creando ámbitos en los cuales se consolidan y extienden los vínculos actuales o potenciales y se refuerzan distintas tramas identitarias que, según las migrantes, caracterizan la vida en la zona. Las visitas a los hogares, las festividades personales –bautismos, casamientos, cumpleaños, etc.– o, simplemente, los encuentros en espacios públicos introducen a estas mujeres en esferas de interacción preconstituidas por quienes han arribado con anterioridad al barrio.

La consolidación de un núcleo relativamente denso de familiares y amigos/as habilita la producción de nuevos ámbitos de sociabilidad que permiten conectar a personas "conocidas por conocidos/as" o fortalecer los lazos existentes. Son muy variados los ejemplos de conformación de espacios de interacción relativamente estables, pero quisiéramos destacar algunos.

En primer lugar, y como se verá con mayor profundidad en los capítulos siguientes, el comedor comunitario es un espacio de socialización fundamental para las migrantes. Allí constituyen un ámbito de encuentro que destacan especialmente cuando hablan de sus amistades. En sus relatos las marchas y los grupos de trabajo son especialmente valorados por las oportunidades de intercambio con otras mujeres que posibilitan mientras que la soledad y el aburrimiento que sufrían en otras zonas de asentamiento o en su vida previa como amas de casa aparecen como contrapunto cuando señalan la importancia del movimiento. Participar de los grupos de amigas que se constituyen o fortalecen en el comedor, entonces, es una de las formas en que experimentan la *bolivianidad* del barrio.

Por otro lado, desde los primeros acercamientos al campo, al enterarse de nuestro interés en "los/as migrantes bolivianos/as", diferentes personas nos hablaron de la fiesta de San Severino como una particularidad de Altos de San Lorenzo. Esta festividad comenzó a celebrarse en los primeros años de la década de 2000 a través de la iniciativa de un grupo familiar tarateño devoto de este santo. Desde entonces, cada año la fiesta se "pasa" a otros/as migrantes que dan continuidad al evento. Así, el último domingo de noviembre una de las calles del barrio se vuelve el escenario donde desfilan grupos de baile y se montan numerosos puestos de venta ambulante.

La masividad de la fiesta y sus lógicas de marcación y reconocimiento la vuelven una instancia de relevancia en la conformación y consolidación de las redes de sociabilidad que se asientan en el área. Asimismo, en torno a su realización se desarrollan otras actividades que también sostienen la trama relacional de Altos de San Lorenzo.

Alejandra, la hija de Estefanía, nacida en 1987 en la localidad de Tarata y migrada junto a su madre hacia la Argentina, nos explicó un mediodía en el comedor que, entre las múltiples actividades que realiza, desde hace algunos años baila en un grupo de "Tinkus[5]" que se conformó en el barrio para participar de la fiesta. Mientras su pequeño hijo de tres años jugaba en el comedor con algunos perros, Alejandra exponía cómo decidió empezar a bailar:

— Armaron un grupito acá un año, hace seis años atrás. Y me gustó como bailaron. Yo pensé que, o sea, no bailaban las personas que no sabían, pero después fui viendo que había personas que se habían incorporado que conocía y me fui enganchando y al final

---

5. Dice Marta Giorgis: "Tinku es un concepto fundamental en la tradición aymara y quechua, tiene connotaciones religiosas, sociales, económicas y políticas. Significa unión, encuentro, equilibrio, convergencia. Suele traducirse también como 'reciprocidad'. En zonas rurales de Peru y Bolivia el *tinku* es una batalla ritual entre partes (sayas) de comunidades donde uno o más de sus miembros mueren. La sangre que corre en el tinku ha de fertilizar la tierra y es garantía de buena cosecha para el año próximo" (Giorgis, 2004: 47). Más adelante afirma que las batallas rituales son recreadas "en una danza del mismo nombre en la que el sentido de la lucha es recuperado en una dramatización que representa la muerte de uno de los bandos en conflicto" (Giorgis, 2004: 111). Este baile se realiza con atuendos que remiten a las vestimentas "tradicionales" andinas.

me compré el traje, todo (...) En un local, un local que practicaban, ensayaban los pasos y si les salía capaz que se enganchaban y bailaban. Es de una vecina, es un local chiquito.

— ¿Vos tenías amigas o amigos que bailaban?

— Sí, los hijos de mi mamá, de las amigas de mi mamá. No me hablo mucho con ellos pero me enganché, no sé cómo me enganché pero fue así.

Alejandra también afirmaba que a través de vínculos con familiares y amigos/as que permanecen en Tarata y de viajes que realizan diferentes bolivianos/as asentados en Altos de San Lorenzo, este grupo accede a los trajes de "Tinkus" que utilizan y a los videos comerciales de donde aprenden los pasos, elementos que compran en la localidad capital del departamento de Cochabamba. Así, en la medida en que la realización de la fiesta y las actividades a ella conectadas permiten "forjar y mantener relaciones sociales, económicas y políticas multienlazadas que unen a las sociedades de origen y asentamiento" (Basch *et al.* 1994: 6) y crean campos sociales que cruzan las fronteras nacionales, constituyen un entramado de conexiones trans*locales*.

Al mismo tiempo, este conjunto de prácticas son experimentadas por algunos sujetos como prioritariamente *bolivianas*, estableciendo una adscripción *(neo)nacional* relegando a un segundo plano el vínculo con la localidad cochabambina. La bibliografía sobre la migración en la Argentina señala la existencia de diversos modos de vincular (y jerarquizar) las identificaciones regionales y nacionales de las personas de ese país. Mientras que –como lo mostró Caggiano (2005)– en ciertas ocasiones la relevancia que en origen tiene la adscripción departamental se reactualiza en el contexto de destino, en otros espacios de asentamiento la misma queda subordinada en las referencias a Bolivia. Natalia Gavazzo afirma que "la reproducción de ciertos bienes culturales de origen boliviano en el contexto migratorio (como la práctica de las danzas folklóricas o de música autóctona) se construye sobre un nacionalismo nuevo y diferente al promovido en Bolivia" (Gavazzo, 2004: 6-7) que emplaza en un marco de interpretación de escala nacional, prácticas y elementos concebidos como regionales en el país andino. En este sentido, el grupo en el que participa Alejandra se aparece como expresión de esta "nueva bolivianidad" (Grimson, 1999 y Gavazzo, 2004).

Por un lado, este santo es "patrono del Municipio de Tarata" y de aquella localidad provienen las parejas de "pasantes" de las cuales tuvimos conocimiento y las familias vinculadas a los/as jóvenes que componían el colectivo que formó el grupo en el que baila Alejandra. Pero, a su vez, sobre la calle donde se realiza la fiesta se asientan tres locales de comidas que sirven "platos típicos bolivianos" y, durante los días de la festividad, se montan puestos de venta ambulante de CDs y DVDs de música –fundamentalmente contemporánea– "boliviana".

Levitt y Glick Schiller (2004) proponen diferenciar las "formas de ser" y de "pertenecer" de los sujetos en los campos sociales: mientras que las primeras refieren "a las relaciones y prácticas sociales existentes en la realidad", las segundas apelan a "prácticas que actualizan o apuntan una identidad, que demuestran un contacto consciente con un grupo específico" (Levitt y Glick Schiller, 2004: 68). En este sentido, si bien encontramos que buena parte de la organización de la fiesta y de las actividades asociadas a ella se desarrolla a partir de establecer conexiones con Tarata y el departamento de Cochabamba, muchos/as de los/as participantes del evento que no provienen de aquella zona experimentan la celebración en clave *(neo)nacional*. Alejandra, inclusive, cuando nos explicaba su actividad, decía que realizaba "un baile típico de Bolivia" que se exponía en las "fiestas que hacen los bolivianos": además de en la mencionada, este grupo baila en las Fiestas de la Virgen de Copacabana, de la Virgen de Urkupiña y en los Carnavales[6].

De esta manera, la construcción de nudos relacionales entre migrantes del barrio incorpora actividades que se conectan con campos sociales de diversa escala. Complejas y numerosas redes de intercambios materiales y simbólicos se ponen en funcionamiento para la realización de las fiestas. Inclusive, tuvimos conocimiento de algunos matrimonios que "pasaban fiesta" en las localidades de ambos países. Al mismo tiempo, los flujos translocales quedan relegados a un segundo plano para la mayoría de los/as participantes que desarrollan modos de pertenecer *(neo)nacionales*.

Ahora bien, además del comedor, otros espacios de interacción de relativa institucionalización se delimitan en la geografía del barrio. La mayoría de las mujeres enviaban (habían enviado o en-

---

6. Alejandra se refiere a fiestas que se realizan en la ciudad de La Plata: en Altos de San Lorenzo se realizan carnavales, mientras que en otro barrio, a unos seis kilómetros del comedor, tienen lugar las celebraciones de las vírgenes de Copacabana y Urkupiña.

viarían) a sus hijos/as a aprender "catecismo" a una iglesia que
se encuentra a unas diez cuadras del espacio de la organización.
Nuestras charlas con Marina nos revelaron que, unos años atrás,
algunas de ellas idearon un mecanismo para que los chicos/as
no tuvieran que irse tan lejos de sus casas.

> Antes [mi hijo] estudiaba en mi casa. Le presté, así, una loza, ahí
> venía de la iglesia a estudiar los sábados, los que hacen estudiar
> hacían estudiar en mi casa, le prestaba el lugar (...) Porque mis
> hijos iban lejos a estudiar. Y como van lejos, así hablamos entre
> las madres y "¿podemos estar acá?" [en la casa de Marina], "sí"
> dijeron. Un tiempito van de mí, después un tiempito van de otro
> [familiar/conocido del barrio] también... Después consiguieron
> un terrenito para el fondo y ahora tienen una iglesia.

Estos ejemplos demuestran la producción de ámbitos de
sociabilidad barriales en la zona. Estos espacios de relativa
"institucionalización" provocan una dinámica de interacciones
que facilita las conexiones entre las personas. Así, ayudan a conformar una trama que constituye capital social y puede llegar a
articular nuevos ámbitos de socialización en los cuales se da densidad a las redes entre migrantes y se recrean sus pertenencias.

A su vez, las trayectorias descriptas previamente también nos
manifiestan que algunas migrantes arribaron sin ningún contacto que operase como facilitador de relaciones propias. En estos
casos, los ámbitos públicos aparecen destacados como instancias
de encuentro y socialización. Por otra parte, que la construcción
de nuevos vínculos se oriente principalmente hacia *otras bolivianas* nos lleva a profundizar la indagación en el sentido de la
"nacionalidad" en la trama social que intentamos reconstruir.

Cuando Santusa y Rosa llegaron a Altos de San Lorenzo prácticamente no contaban con lazos sociales de los cuales valerse.
Sin embargo, el devenir de su vida cotidiana, el tránsito por distintos espacios (como el supermercado, el jardín de infantes de
sus hijos/as, el comedor o simplemente las calles del barrio), las
puso en contacto con otras mujeres migrantes con las cuales comenzaron a interactuar.

Las palabras ya expuestas de Santusa nos muestran el proceso
a través del cual algunos encuentros casuales funcionaron como
primera instancia de una relación en construcción. Quisiéramos
destacar dos aspectos que sobresalen en los relatos de esta modalidad de producción de vínculos.

En primer lugar, Santusa destacaba los mecanismos que le permitían identificar a una "paisana" entre las clientas del supermercado. Apelando a criterios de clasificación estético-corporales, mencionaba tanto "la cara" como los "zapatos" como signos evidentes de la pertenencia nacional de ciertas clientas del local. En este sentido, la producción de estereotipos corporales señalada por Goffman (1972) como una dimensión clave de las interacciones "cara a cara" manifiesta su actualidad en la experiencia migratoria; actualidad también destacada en los estudios de la migración boliviana a Buenos Aires (Grimson, 1999).

Ahora bien, en segundo lugar nos preguntamos ¿qué es aquello que se *reconoce* en esta "corporalidad"? ¿Qué operaciones de significación desencadena el reconocimiento de los mencionados atributos corporales?

Si partimos de considerar su itinerario vemos que, al momento de su arribo a la Argentina, esta mujer se estableció en una zona semi-rural manteniendo contactos estrechos exclusivamente con su marido y con su hijo. Al parecer, la soledad en el tránsito por el proceso de asentamiento en un nuevo contexto ha sido un factor relevante de su experiencia migratoria. Entonces, la producción de relaciones en espacios públicos que describía en la citada entrevista debe indagarse considerando la adaptación a las lógicas de la "sociedad receptora".

Aquella mañana en la huerta, Santusa decía que en sus interacciones con "paisanas" en el supermercado se "avisan" el nombre y la ciudad de procedencia, pero también ciertas cuestiones de la vida diaria en el barrio que, por su carácter novedoso, les resulta dificultoso resolver: en este caso, el funcionamiento de las máquinas expendedoras de boletos de los transportes urbanos.

Pero entonces, ¿a qué refiere el signo corporal?, ¿qué significa, en estos contextos particulares, que los rasgos estético-corporales sean signo de *bolivianidad*? Consideramos que el relato de Santusa evidencia la búsqueda de personas con una experiencia compartida, es decir, partícipes de la migración y las consecuencias que la misma implica. Los miedos, las incertidumbres y las complejidades de un nuevo marco social en el cual insertarse (el conjunto de elementos de lo que Grimson denominó los "códigos urbanos" y las estrategias para su dominio) aparecen en el horizonte conversacional de las mujeres que se encuentran casualmente en un comercio platense.

2.2. La sociabilidad boliviana en Altos de San Lorenzo

Las diversas redes, espacios de encuentro y mecanismos de reconocimiento presentados dan cuenta de la existencia de un sistema de sociabilidad barrial entre migrantes bolivianos/as. De esta manera, observamos que en Altos de San Lorenzo se replica una dinámica de producción de instancias y relaciones nacionalmente marcadas que ha sido destacada por numerosos especialistas en la temática migratoria (Mugarza, 1985; Balán, 1990; Benencia y Karasik, 1994; Grimson, 1999 y 2000; Benencia 2000, OIM-CEMLA, 2004; Gavazzo, 2004; Caggiano 2005). Desde hace décadas, los estudiosos vienen sosteniendo que "entre los ámbitos más asociados a la sociabilidad boliviana común pueden mencionarse, además de los laborales, los grupos de *pasanakuy*, los *presteríos*, las fiestas con música y comida boliviana, la recordación de las fiestas nacionales, además de los encuentros e interacciones cotidianos entre *paisanos*" (Benencia y Karasik, 1994: 288). Entonces, en este apartado buscamos profundizar la indagación del sentido que adquieren estos circuitos de sociabilidad nacionales para las mujeres del comedor.

Una de las principales diferencias de la vida en Altos de San Lorenzo que destacan las entrevistadas está dada, precisamente, por las posibilidades de socialización que la trama de vínculos expuesta supone. La multiplicidad de espacios que, con diversos niveles de institucionalidad, constituyen circuitos relacionales con "paisanas" es señalada como una característica del barrio que contrasta con sus experiencias en otras áreas de la Argentina.

Francisca, en este sentido, aquella mañana en el comedor, mientras cortaba papas y arrojaba los trozos en una gran palangana, nos explicaba las transformaciones que vivió con su partida de San Isidro:

> Hay mucha diferencia. Allá [en San Isidro], por ejemplo, no nada. Ni me acordaba de alguna fecha en especial que se celebra allá [en Bolivia]. Acá [en Altos de San Lorenzo] sí, se vive más, se recuerda más las fiestas que allá [en Bolivia] lo vivimos, se recuerda acá. Compartimos las mismas tradiciones, las costumbres (...) Aparte somos más solidarias entre conocidas. Que allá [en San Isidro] no, casi estuve todo encerrada en mi casa, no salía mucho.

Francisca continuaba explicándonos que en este barrio había podido encontrarse con vecinas de Sucre, pero también había conocido muchas mujeres cochabambinas. Ante esta evidencia indagamos en el tipo de festividades compartidas:

— Y esto que nos contabas de las tradiciones, ¿son distintas las tradiciones o son parecidas?

— Eh sí, las costumbres esas sí son distintas, las tradiciones, pero así las fechas nacionales que allá celebramos es las mismas: día de la madre, día del padre[7], carnavales, navidad. Sí, muchas fiestas de esas compartimos.

— ¿Adónde se hacen?

— Algunas la hacen en las casas suyas que invitan, en las casas. En las fiestas así de bautismos, de matrimonios, todo eso: compartimos más que todo cuando hacen una fiesta así de un bautizo o cumpleaños.

Como se observa en el testimonio, a pesar de las diferencias que reconoce entre las festividades regionales de Bolivia –reconocimiento, por otra parte, direccionado por nuestra pregunta– Francisca insiste en la entidad "nacional" de las celebraciones y las modalidades que las mismas adquieren entre sus conocidos/as de Altos de San Lorenzo. No sólo las personas de Sucre brindan y asisten a estos acontecimientos, sino que también otros/as migrantes provenientes de diferentes zonas de aquel país producen los rituales que otorgan cierta *bolivianidad* al barrio.

Pero, a su vez, a nuestra entrevistada le interesa destacar que el valor que le asigna a las fiestas nacionales está dado por su carácter compartido. El recuerdo de su vida en San Isidro funciona en el relato como contrapunto (recordemos que Francisca había señalado que en San Isidro "casi no había paisanos"), le permite graficar el pasaje de una situación de relativo aislamiento a otra con una densidad de contactos que le posibilitan "salir de la casa".

Entonces, la trama relacional entre migrantes provenientes de diferentes áreas de Bolivia que reconstruimos fragmentariamente en los apartados anteriores, conjuntamente con –al menos algunas de– las actividades que realizan, es lo que le permite "sentirse como en Bolivia". Así, este sentimiento de pertenencia nacional se encuentra inescindiblemente asociado a la satisfacción que le provocan los vínculos interpersonales. Resaltemos,

---

7.   El "Día de la madre boliviana" se festeja en Bolivia todos los 27 de mayo, mientras que el "Día del padre" se celebra los 19 de marzo. Las celebraciones de las que tuvimos conocimiento en La Plata y Altos de San Lorenzo siempre fueron los fines de semana más próximos a estas fechas.

por otro lado, que no todas las mujeres con las que mantuvimos entrevistas valoraban positivamente este tipo de sociabilidad del barrio. Rosa, por ejemplo, situaba a este mismo fenómeno como uno de los motivos por los cuales evaluaba la posibilidad de mudarse. Esta migrante, delegada de su cuadrilla y que se destacaba como una de las más activas en las asambleas, decía respecto a vivir en Altos de San Lorenzo:

> — No, no me gusta, así que me voy a ir a otro lado, quizás a Bolivia. No me gusta.
>
> — ¿Por qué?
>
> — O sea, no me gusta todos los paisanos, todos bolivianos y no me gusta. Y mi hermana, donde vive, en Los Hornos vive mi hermana, en 150 y 49, ahí no hay bolivianos. Me gustaría a mí vivir de nuevo, porque hay mucho chusmerío: que "con quién hablas", que "con quién no", "con que salís", todos miramientos y a mí no me gusta. Si "estás viendo para quién la casa", o "si estás haciendo bien las cosas", no me gusta. Este año nomás voy a vivir y al otro año me voy a ir a otro lado o me voy a Bolivia, no sé.

Como se observa, para ella el "problema" de Altos de San Lorenzo es la excesiva presencia de "paisanos/as". Son los/as bolivianos/as los/as que provocan el "chusmerío" y los "miramientos" que caracterizan, de acuerdo con el testimonio, al barrio. Es decir, las redes entre inmigrantes de este país, en la interpretación de Rosa, otorgarían a la zona una lógica de vinculación distintiva. Así, es la existencia de una *sociabilidad nacional situada* la que diferenciaría a Altos de San Lorenzo de, por ejemplo, el barrio de Los Hornos.

Ahora bien, decimos que esta *sociabilidad nacional* debe entenderse en su carácter *situado*, ya que es la pertenencia compartida a circuitos relacionales específicos la que provoca la evaluación individual y/o colectiva de las diferentes actividades que se realizan. Estos ámbitos de interacción, identificados como "propios de bolivianos", son espacios relativamente estrechos, adquieren sentido en términos personales. Es decir, la *bolivianidad* de los mismos, su valoración *nacional*, se vincula con la construcción de redes con una operatividad diaria, cotidiana, hasta doméstica, en este contexto de asentamiento de migrantes.

En otras palabras, la presencia de otros/as bolivianos/as le genera malestar a Rosa por la intromisión que éstos/as realizan en sus asuntos privados, por su capacidad para operar como un "control social informal" (Vázquez, 2005): ¿cómo entender, sino, su deseo de retornar a Bolivia? ¿Allí no habría bolivianos/as?

A su vez, este relato presenta más claramente una caracterización del barrio que permanece latente en el discurso de muchas mujeres del comedor: Altos de San Lorenzo es, para ellas, un barrio *de* bolivianos/as. Allí se establecen dinámicas de sociabilidad específicas entre migrantes de esta nacionalidad, que pueden ser caracterizadas como un valor o un disvalor alternativamente.

Muchos autores han destacado la importancia de las interacciones que se generan en los espacios así marcados, ya que "ofrecen un ámbito de cierta confianza, de recuerdos compartidos, de problemas comunes y también de formas de diversión" (Grimson, 1999: 34). Sin embargo, consideramos que la bibliografía se centra fundamentalmente en dos modos de configuración del espacio *boliviano*, los cuales ocluyen –en diversos grados– el aspecto que consideramos central de nuestras experiencias de campo.

Por un lado, aquellos trabajos que ligan la "sociabilidad boliviana" a la realización de fiestas y eventos producidos por las organizaciones de la "colectividad", sitúan espaciotemporalmente la *bolivianidad* restringiéndola a la periodicidad de tales acontecimientos y a las actividades de dichas asociaciones. No estamos objetando la evidente "marcación identitaria" que adquieren ciertos lugares en contextos específicos, sino que destacamos que en Altos de San Lorenzo el valor –positivo o negativo– de esta sociabilidad se vincula, fundamentalmente, con la vida cotidiana, diaria, con las interacciones habituales, las problemáticas domésticas y los dilemas que se les presentan a estas mujeres en las estrategias de producción y reproducción material y simbólica de sus rutinas. La *bolivianidad*, así, no sólo se destaca como construcción ritual, sino que se diluye (y constituye) en el mismo tiempo de la vida. En este caso, la experiencia se *bolivianiza*, es decir, se configura ligada a esta categoría identitaria.

Por el otro, consideramos que la bibliografía tiende a destacar a la "cultura" como un principio generador de campos de interacción. Los autores destacan la recreación y resignificación de los distintos sistemas de ayuda mutua provenientes de la tradición andina que realizan los/as migrantes[8] como algunas de las

---

8. Los más mencionados son el Ayñy, el Pasanaku, el Churanaku, el Jajwanaku y los presteríos.

principales formas de producción de lazos entre bolivianos/as. Asimismo, cuando estos mecanismos no aparecen evidenciados, se recurre al señalamiento de las distancias culturales –extensas entre migrantes y miembros de la "sociedad receptora", más estrechas entre sujetos de una misma nacionalidad o región– como factor que explica la creación de redes y ámbitos de socialización.

Nuevamente es necesario destacar que no desestimamos la importancia de esta dimensión en las lógicas de conformación de relaciones y grupalidades. Sin embargo, observamos que los procesos de reconocimiento recíproco que aparecen en los testimonios se vinculan menos con la posibilidad de revalorizar o reconstruir símbolos y/o modos de asociación aprendidos en el terruño, que con la búsqueda de sobrellevar miedos, dificultades, expectativas y esperanzas desarrollados a partir de la vida en destino.

En concreto, observamos que aquello que permite comulgar en el encuentro con connacionales, es decir, la "fortaleza" de esta relación social, se refiere a una experiencia de lo actual antes que de lo tradicional o histórico. Como lo muestra la referencia a las fiestas que hacía Francisca, las "formas culturales" o "símbolos" aparecen como *signos de una experiencia compartida*: la migración boliviana hacia La Plata. Su puesta en acto se valora principalmente por las posibilidades de socialización y de recreación de la pertenencia migrante que habilita. La *bolivianidad*, desde esta perspectiva, se torna inseparable de la narración de experiencias personales, se carga de emociones, anécdotas, deseos y temores que emergen de las vivencias que las migrantes comparten con sus "paisanos" en Altos de San Lorenzo[9]. Los "atributos culturales", entonces, adquieren valor como elementos en estas esferas de interacción; en estos procesos son seleccionados y transformados en la construcción de una *bolivianidad* específica. En este sentido, un par de zapatos determinado puede resultar más relevante para las migrantes de Altos de San Lorenzo que algunas de las "tradiciones aymaro-quechuas" destacadas por la bibliografía.

3. *Bolivianidad* e "incorporación": un primer acercamiento

Los estudios sobre la producción identitaria de los/as migrantes bolivianos/as en Argentina, han tendido a dar cuenta

---

9. Parte de estas reflexiones son deudoras de la lectura de Figurelli (2012).

de los procesos de "etnización" en clave nacional o regional que realizan los sujetos. Alejandro Grimson sostiene que las dinámicas de clasificación de las alteridades internas en el "contexto de recepción" (su estudio se centra en la ciudad de Buenos Aires) operan como *bolivianizadoras* de los/as migrantes al situarlos compulsivamente en esta posición. Su trabajo se basa en el análisis de los mecanismos de reapropiación y resignificación de esta adscripción que realizan diferentes sujetos, politizando de este modo las identificaciones disponibles en los "campos de interlocución" en los que se insertan (Grimson, 1999).

Sergio Caggiano, por su parte, señala que el asentamiento progresivo de una "colectividad" inmigrante, así como las particularidades sociohistóricas de los diferentes contextos locales de incorporación, conllevan transformaciones en el modo en el que tienen lugar las adscripciones. En la medida en que las redes de "paisanos/as" también se consolidan como elementos con niveles de reconocimiento relativamente extendidos en los "contextos de recepción", "el reordenamiento producido puede consistir en una recreación de funcionamientos identitarios similares a los del lugar de origen" (Caggiano, 2005: 58). Caggiano, así, reintroduce la vigencia de las identidades regionales, que habían sido señaladas como subordinadas a la "nacionalización" en el argumento de Grimson.

De este modo, los autores se interesan en los procesos de auto y heteroreconocimiento de los/as bolivianos/as en Argentina y en las disputas (no sólo) simbólicas entre diferentes discursos, imágenes y colectivos –de migrantes y miembros de la "sociedad receptora"– en la definición de "lo que sea ser boliviano" (Caggiano, 2005). Para estos académicos, entonces, la tensa y compleja trama que compone las formaciones discursivas de la *bolivianidad* en Argentina resulta un factor fundamental de la incorporación de los/as migrantes.

Ahora bien, llegados a este punto quisiéramos señalar que el trabajo de campo evidencia que, para las migrantes del comedor, la producción de "lo boliviano" opera en los procesos de integración de un modo diferente. Como lo hemos expuesto, sus apelaciones a este *topoi* resultan más explicativas de aspectos de sus relaciones personales que un intento de consolidación de un colectivo desde el cual interactuar con las instituciones y sujetos de la sociedad de destino.

Las mujeres entrevistadas afirman experimentar, en diferentes marcos situacionales del "contexto de recepción", una presión discriminatoria que las rechaza en función de su origen nacional. En diversas esferas de interacción –con variados niveles de mediación institucional– se mantienen, según sus relatos, criterios de clasificación y jerarquización social que definen a "lo(s) boliviano(s)" negativizando esta posición identitaria. En este sentido, algunos campos de interlocución interculturales de los que participan parecen replicar, al menos desde su propia percepción, los (re)ordenamientos identitarios que la bibliografía destaca como parte fundamental de la producción de la *neobolivianidad*: un heterorreconocimiento que identifica como otredad caracterizada nacionalmente al conjunto de migrantes provenientes de Bolivia, una marcación negativa a través de una atribución de *bolivianidad* con la cual las personas así señaladas deben convivir.

Sin embargo, a pesar de este funcionamiento de la economía simbólica de las adscripciones, no hallamos en los testimonios procesos de inversión o reformulación valorativa de "lo boliviano" que motiven una reapropiación de la posición como estrategia de vinculación con actores estatales del contexto de recepción. Por el contrario, la operatividad positiva de esta categoría se desarrolla en un sendero paralelo que no interpela o responde a las descalificaciones mencionadas. De esta manera, desde el punto de vista de la "incorporación", la identidad nacional es enunciada prioritariamente como emergente de los procesos de socialización descriptos, es decir, con valor en una "incorporación" a las redes de migrantes de aquel país asentados/as en esta zona de la Argentina.

En numerosas conversaciones nuestras entrevistadas destacaban la existencia de una red densa de connacionales en Altos de San Lorenzo como un factor que disminuye las dinámicas discriminatorias en destino. Al mismo tiempo, también señalaban que la identidad migrante las vuelve un objeto privilegiado de los agentes de la "inseguridad" del barrio. Muchas de ellas afirmaban que los/as bolivianos/as sufren más asaltos que los/as nativos/as o migrantes de otras nacionalidades y que, en esas situaciones, soportan mayores niveles de violencia por parte de los agresores. Marina compartía esta opinión y nos explicaba que "un grupo de chicos chiquitos" (adolescentes) eran los principales causantes de robos en el trayecto que va desde su casa a la parada más cercana de colectivos:

— ¿Y le roban a cualquiera que pasa?

— No, a los bolivianos más. Hasta la mochila quitan de los chicos: son nuevitas las mochilas. El primer día que están mandando [a la escuela], [los chicos] están gritando, hasta las mujeres que están llevando la bolsa, tienen libretas, así todo le quitan. Nunca no escuchaban... antes no había eso.

Sin embargo, salvo excepciones (Francisca nos decía "son ignorantes, si conocieran [la «cultura boliviana»] valorarían más"), no realizan un esfuerzo argumentativo tendiente a revertir las apreciaciones que este rencor percibido deja traslucir. Por el contrario, parecieran resguardar el uso de esta "etiqueta" para algunos espacios cotidianos de un tipo de socialización cordial. La propia Francisca, ante nuestras preguntas, nos explicaba el tipo de "salidas" que realizaba, el tipo de actividades privilegiadas en su tiempo de ocio:

— A veces no tampoco no estoy tanto, pero me gusta compartir, así, ir a bailar. De esas cosas sí.

— ¿A dónde van?

— Más que todo cuando hacen una fiesta así de bautismo o de cumpleaños. A esas cosas sí, así a un boliche no, me da miedo salir de noche. Porque más me siento, más confiable me siento entre mis paisanos, donde la fiesta está todo entre paisanos.

— ¿Y conocés gente que no sea paisano o la mayoría que se conoce acá es paisano?

— Sí, hay peruanos, paraguayos, si yo por donde vivo sí, hay muchos paraguayos por la calle. La mayoría son paraguayos y bolivianos. Sí, me llevo bien con los paraguayos, son buenos vecinos. Pero así de compartir no: ellos tienen sus costumbres, comparten entre ellos, entre paisanos, como nosotros también lo hacemos entre nosotros.

Como se observa, se le otorga relevancia al origen nacional cuando se "comparte" con amigos/as y parientes, que son mencionados por Francisca como "paisanos". En posición de "bolivianos/as" se actualizan ciertas relaciones afectivas, relaciones que dan "seguridad", mientras que –como se verá posteriormente– son otras las adscripciones que priorizan para desarrollar vínculos con, por ejemplo, algunas instituciones estatales de destino.

Benedict Anderson afirma que la "nación" es un tipo de artefacto cultural capaz de construir "comunidades imaginadas" que, más allá de la imposibilidad de contacto y reconocimiento personal recíproco entre la totalidad de sus integrantes, "se

concibe siempre como un compañerismo profundo, horizontal"
(Anderson, 2000: 25). Si bien esta dimensión imaginada de la nación es la que les permite experimentar a las mujeres de Altos de
San Lorenzo la identificación común de la "colectividad", actuali-
zando periódicamente este constructo al asumirse dándole vida
a un barrio *de* bolivianos/as, observamos que sus intercambios
simbólicos cotidianos y el reconocimiento personal recíproco
resultan fundamentales en la producción de esta *bolivianidaad*
específica.

Es decir, la operatividad de estas construcciones simbólicas no
resultan uniformes para el conjunto de sujetos que adscriben a
ellas. La imaginación de la comunidad genera un sentido de pertenencia común, pero esta afiliación (auto o heteromotivada) no
significa que se apele a ella de manera homogénea. Precisamente, como veremos en los próximos capítulos, la heterogeneidad
de estas apelaciones se vincula con los posicionamientos que se
entrelazan con lo étnico-nacional y con las trayectorias que los
sustentan. En concreto, la pluralidad que adoptan las "experiencias de la nación" se vinculan con clivajes de género y clase que
constituyen la vivencia de estas mujeres.

Como venimos exponiendo, las mujeres de Altos de San Lorenzo no se posicionan en su carácter de integrantes de la colectividad boliviana del mismo modo que lo hacen los migrantes
referidos en la bibliografía citada. Su valoración de la identidad
migrante no aparece vinculada a una búsqueda de reivindicación
de la alteridad que representan para el relato nacional dominante, sino que, por el contrario, apelan a la *bolivianidad* como
equivalente de una experiencia compartida (la migración y las
dificultades en el proceso de adaptación) y como nominación de
ámbitos de sociabilidad en las que se sienten contenidas. Es en
este sentido que, como plantea Partha Chatterjee (2007), esta
adscripción identitaria no aparece por medio de una abstracción
espaciotemporal que las conecta con la comunidad imaginada,
sino que estas conexiones son heterogéneas y se desarrollan por
medio de relaciones y prácticas específicas. Una *bolivianidad* enclasada y feminizada, entonces, se constituye en la sociabilidad
que desarrollan en el barrio y el comedor comunitario.

Traducciones entre "paisanas" y "compañeras": nacionalidad y clase en los posicionamientos identitarios

En el capítulo anterior buscamos dar cuenta de la emergencia en Altos de San Lorenzo de una *bolivianidad* específica, diferente a la descripta por la bibliografía especializada ya que no adquiere su significación más relevante en las manifestaciones públicas y en ámbitos de visibilidad interculturales, sino que opera prioritariamente en las relaciones interpersonales. Adelantamos una *bolivianidad* enclasada y feminizada, que se constituye en los encuentros cotidianos con "paisanas" –amigas y vecinas– en el barrio, el comedor y sus hogares.

Por otro lado, cuando buscan constituir y canalizar demandas vinculadas a sus derechos económicos y sociales, las migrantes participan a través del comedor de una dinámica de "incorporación" que tiene a una variación de la clase social como eje de su desarrollo. Estas reivindicaciones suponen una serie de desplazamientos de las posiciones presentadas previamente: de bolivianas a trabajadoras desocupadas en sus presentaciones públicas, de "paisanas" a "compañeras" en su reconocimiento mutuo.

Claro que la "clase", aquí, no emerge espontáneamente de la ubicación de las personas en un determinado lugar de la estructura productiva, sino que resulta una construcción discursiva que articula experiencia cotidiana con pertenencia social, conformando un colectivo de identificación que se asume (y es socialmente reconocido) como sujeto político (Thompson, 1989; Bourdieu, 1990; Fonseca, 2005; Hall, 2010). Para las mujeres de Altos de San Lorenzo, entonces, este posicionamiento también se constituye en el marco de las redes de sociabilidad que dan densidad a las adscripciones étnico-nacionales. Así producen en su participación un clasismo *bolivianizado* y feminizado que será necesario indagar.

En este capítulo reconstruimos el conjunto de condicionamientos que habilitan y restringen las diferentes identificaciones que las migrantes pueden adoptar en distintas situaciones. Para comprender sus posicionamientos de clase, comenzamos por dar cuenta de los sentidos que atribuyen a sus identificaciones como "bolivianas" en contextos interculturales, identificaciones tan relevantes en la conformación de los sistemas de sociabilidad barrial descriptos en el capítulo previo.

1. Los usos de la identidad boliviana

En mayo de 2011 las integrantes del comedor comunitario se integraron a la columna de la organización que marchó hacia el Ministerio de Desarrollo Social de la provincia de Buenos Aires. Distintas expresiones del movimiento se concentraron por la mañana en la estación de trenes de la ciudad, a la que arribaban grupos provenientes de diferentes localidades. Numerosas rondas donde circulaban mates amenizaban la espera de la llegada de otros colectivos.

Una temática recurrente de las conversaciones informales en este tipo de espacios giraba en torno a los/as hijos/as. Como Carmen es madre de once, en repetidas oportunidades su presencia centralizaba la atención de los comentarios. Aquella mañana, la charla se situó en los colegios a los que actualmente asistían los/as más niños/as. Esta mujer de algo más de cincuenta años explicaba los desbalances que encontraba entre diferentes instituciones educativas. Decía, con relación a su hijo menor, nacido en la ciudad de La Plata:

— Va a la Escuela, en calle 12. La Escuela Nº 11.

— ¿Es de Altos de San Lorenzo la escuela 11 o...?

— Calle 12 y 68, acá [12 y 68 es una referencia ubicada dentro del casco urbano de la ciudad, a unos cuatro kilómetros del comedor comunitario]

— ¿Por qué a esa escuela?

— Porque ahí un poquito más alejados están... De los chiquitos cholitos más alejaditos están. A escuela 40 ahí van chicos del barrio.

— Y usted no quiere que vaya con los del barrio...

— No. Hablan mal. Los chicos aprenden eso y quieren ser igual. En Escuela 11 aprenden un poquito más.

En muchas otras oportunidades encontramos referencias al modo de hablar como un motivo de vergüenza de los/as migrantes y de discriminación de parte de miembros de la sociedad receptora. Inclusive, las mujeres bolivianas que decían experimentar un elevado "orgullo cultural" señalaban con reprobación la actitud de muchos paisanos que desarrollaban "manejos pragmáticos de la identidad nacional", como los han llamado Auyero y Grimson (1997: 6). Francisca, que se asumía como defensora de las "costumbres bolivianas", explicaba los cambios que muchos migrantes desarrollan desde su llegada a la Argentina:

> — Los mismos paisanos se avergüenzan de su cultura, de sus costumbres (...) Por la discriminación. Algunos dicen que "no soy de Bolivia, soy de Jujuy". Se avergüenzan de hablar quechua. Hay muchos paisanos que cuando vienen acá, a la Argentina, ya hablan diferente. A veces es necesario que vos cambies el tono de hablar porque el tono de un argentino o un boliviano es muy diferente, es muy claro, es muy notorio.

> — Entonces tenés que cambiar para hablar, para que entiendan los argentinos

> — Más o menos. Pero algunos ya se toman mucho eso, cuando uno viene acá unos meses, unos años, habla diferente. Es feo, algunos vienen con el acento del "ya", "ye", algunos no hablan quechua, se avergüenzan.

Los testimonios de Carmen y de Francisca evidencian la voluntad de algunos/as migrantes de lograr un manejo del lenguaje similar al "castellano argentino" para disimular posibles rastros de una *bolivianidad* negativizada por miembros del contexto de recepción. La búsqueda de aparecer como argentinos (independientemente de su situación legal o de su lugar de nacimiento) se emprende atribuyéndose pertenencias, transformando modos de habla, negando saberes y lenguas y, en el caso de Carmen, obviando el círculo de "cholitos" que identifica en la escuela cercana al barrio en el que vive. De esta manera, manifiestan que, en determinados aspectos de los procesos de "incorporación", las identificaciones étnico-nacionales resultan problemáticas.

Estas constataciones, así como el reconocimiento de la operatividad de las atribuciones *(neo)nacionales* en las relaciones interpersonales en Altos de San Lorenzo que destacamos previamente, nos llevan a preguntarnos por los usos posibles y deseables de estas identificaciones entre las migrantes del comedor comunitario.

1.1. Organizaciones de bolivianos/as y bolivianos/as en organizaciones

En las últimas décadas se han creado en la ciudad de La Plata numerosas organizaciones de migrantes bolivianos/as que buscan desarrollar actividades sociales, políticas, culturales, comunicacionales, deportivas, etc. (OIM-CEMLA, 2004; Caggiano, 2005 y 2009; Archenti 2009). En el transcurso de nuestro trabajo de campo constatamos que, en Altos de San Lorenzo, durante el año 2010 un grupo de personas de nacionalidad boliviana intentó formar un colectivo cuyo objetivo era reclamar medidas que garanticen mayor "seguridad" para los habitantes de la zona. Según los testimonios que recogimos, su principal promotor fue Onorio, un paceño arribado a la Argentina a finales de la década de 1980 que actualmente posee una verdulería en el barrio.

Francisca, que participó durante algún tiempo de la experiencia, nos comentó que el hecho que desencadenó el agrupamiento fue el asesinato de un migrante, que fue víctima de la violencia con la que se desarrolló un asalto en su casa:

> Como en todos los barrios, hay mucha inseguridad acá. La última vez que pasó fue que a un paisano le entraron a la casa y de un tiro lo mataron, así como si nada ¿no? Y bueno, como la mayoría son paisanos acá, entonces se unieron entre todos para ver qué hacer con la inseguridad. Entre nosotros nos avisamos para que nos sumemos y que entre todos nosotros nos defendamos ante esos hechos.

De esta manera, la primera acción que emprendió el grupo fue una movilización hacia una dependencia del Ministerio de Justicia y Seguridad para reclamar "que se haga justicia, que encuentren a los responsables". La actividad concentró una gran cantidad de manifestantes, no sólo de Altos de San Lorenzo. Al enterarse de la protesta, migrantes de diversas zonas de la ciudad también se integraron en solidaridad con la familia del fallecido y para demandar mayor atención estatal a la violencia y los delitos que sufren las personas nacidas en Bolivia.

A partir de la buena acogida que generó la protesta, comenzaron a reunirse periódicamente en la casa de Onorio buscando consolidar la organización. Se comenzó a utilizar un libro de actas y se definieron los cargos que se ocuparían una vez instituido oficialmente el agrupamiento: se nombraron presidente, vicepresidente, tesorero y vocero. Asimismo, a partir de relaciones previas que tenía Onorio, en diferentes oportunidades fueron convocados referentes de otros grupos con características similares al que se buscaba formar en Altos de San Lorenzo. En la citada entrevista, comentaba Francisca:

> Vinieron de otras organizaciones, de otros partidos, de La Matanza. Organizaciones de paisanos, de Colectividad Boliviana. Algunos eran comerciantes y ya tenían su personería jurídica. Contaban cómo empezaron, qué hacían, todo eso. Algunos decían que consiguieron muchas cosas para su barrio: asfalto, luminarias, todo eso.

Sin embargo, luego de algunas gestiones frustradas –como citas con funcionarios suspendidas y un encuentro en el barrio con el comisario responsable de la zona al cual el representante policial no asistió– la participación fue menguando. Algunos meses después de la primera marcha, antes de adquirir el reconocimiento oficial como asociación civil sin fines de lucro, las reuniones periódicas se fueron vaciando, quedando muy pocos interesados.

Francisca entendía que el carácter de la organización fue uno de sus principales obstáculos para conseguir respuestas estatales y, así, mantener las expectativas y la participación de las personas que inicialmente se habían acercado:

> — Yo creo que lo ideal sería unirse no importa de donde vengan. Así por separado no creo que logremos muchas cosas, porque aparte por más que se quieran negar que hay discriminación, hay mucha discriminación.
>
> — ¿Los funcionarios discriminan a los bolivianos?
>
> — Sí, porque la forma de hablar es diferente, el acento que tenés. Un boliviano es más pasivo, habla despacito. En cambio el argentino es más fuerte porque está en su país, no sé. Porque el boliviano igual tiene miedo de expresarse todavía.
>
> — ¿Y por qué tiene miedo de expresarse?
>
> — No sé, porque a diario sienten, siempre te discriminan... Por eso, porque no te va a dar bolilla, porque te va a decir algo... Tienen miedo de que les digan "vayan a su país", hay mucha discriminación en todos lados creo.

De esta manera, Francisca identificaba dos motivos que habrían generado la disolución del colectivo. Por un lado, la frustración por la falta de resultados de las gestiones realizadas por los representantes del grupo. Por el otro, la propia configuración de la organización resultaba un obstáculo en las negociaciones: en primer lugar porque los/as "bolivianos" tendrían dificultades de habla para negociar y, en segundo término pero estrictamente vinculado a lo anterior, por la discriminación que recibirían de los funcionarios durante estos intercambios. Desde su interpretación, la organización de la "colectividad boliviana" habría fracasado porque en los espacios de interfaz con agencias públicas que lograba construir la posición de subordinación de sus integrantes los/as marginaba incluso de la legitimidad necesaria para sostener y profundizar los reclamos.

Fulvio Rivero Sierra caracteriza como "presión discriminatoria" a la "percepción que tiene un agente social discriminado de que es considerado miembro de un grupo por el cual un sector social siente rechazo" (2011: 276-277), por lo que se encuentra motivado a evitar llevar adelante ciertos cursos de acción. En este sentido, de acuerdo a la interpretación de las mujeres migrantes del comedor comunitario, la desmarcación de la identidad étnico-nacional aparece como un camino conveniente para el ejercicio político en el marco de las instituciones oficiales.

El peso negativo de esta identificación no es ponderado del mismo modo por todos/as los/as habitantes de Altos de San Lorenzo. El grupo promotor de la asociación no compartía su descreimiento y siguió intentando generar procesos de organización que tuvieron su resultado algún tiempo después. Luego del asesinato de un joven en el año 2013, un grupo de alrededor de cien vecinos/as cansados/as de la "violencia que sufren los/as bolivianos/as" se juntó en la cancha de fútbol del barrio y decidieron "hacer justicia por mano propia". Se dirigieron hacia las casas de los presuntos implicados, otros jóvenes habitantes de la zona acusados de distintos hechos delictivos, para castigarlos por sus acciones. Como ninguno se encontraba, prendieron fuego las casillas y amenazaron a los familiares presentes. El hecho fue noticia en los medios de comunicación locales (*El Día*, 2013) y motivó la intervención de autoridades policiales, municipales y consulares. A partir de esta gran movilización Onorio y, en esta segunda oportunidad, un gasista que trabaja con empresas constructoras llamado Fidel, lograron reactivar el proyecto. Francisca y algunas de sus amigas, nuevamente acompañaron la propuesta.

En otra investigación analizamos el impacto de la apertura en ese año de un viceconsulado del Estado Plurinacional de Bolivia en la ciudad en el reposicionamiento de los colectivos de migrantes (Rodrigo, 2016). Además de este factor político-institucional, es ineludible señalar el lugar secundario que ocupan estas mujeres en la producción de una *bolivianidad* pública en Altos de San Lorenzo como elementos que constituyen su evaluación de la identificación migrante en los procesos de movilización colectiva. Como veremos más adelante, su condición de género y sus inserciones laborales, así como las posiciones desde las que participan de las festividades vinculadas a Bolivia, mancan sus modos de asumir los límites públicos de la identidad.

Pero si consideran a la adscripción boliviana como contraproducente en el devenir de sus reclamos, esto no significa que la escena política se les presente absolutamente vedada. Por el contrario, mientras relegaron la búsqueda de consolidar organizaciones "de paisanos", continuaban su integración en agrupamientos de otras características.

2. El "enclasamiento"

Uno de los objetivos que explícitamente se proponen los/as militantes del movimiento es desarrollar entre sus "compañeros de base" lo que en las tradiciones políticas de izquierda se denomina "conciencia de clase". En diversas oportunidades, Ignacio explicitó esta búsqueda a partir de destacar la necesidad de transformar el interés inmediato que motiva a las personas a participar:

> Un objetivo de la organización es multiplicar brazos. Si éramos en un principio tres y después pasamos a ser treinta y hoy somos trescientos, el tema es cómo eso se traduce en mayor cantidad de militancia organizada. Entonces, un compañero, una compañera en un barrio se suma capaz por una necesidad económica inmediata: por ejemplo, la lucha por la tierra o porque va a buscar un plato de comida para su hijo al comedor. El tema es eso cómo lo transformamos en militancia organizada y consciente.

En este sentido, la organización desarrolla una serie de mecanismos que apuntan a fortalecer y extender los sentidos que los/as "militantes" le asignan a la participación. Los más destacados en los testimonios son los talleres de formación política que tienen lugar en los diferentes comedores comunitarios y en el local que el movimiento posee en la zona céntrica de la ciudad. Estos espacios son valorados en un doble sentido: por un lado, poniendo el foco en las temáticas trabajadas, los/as referentes

mencionan que se busca ayudar a "entender el proceso de la lucha de la clase obrera en el continente". Por el otro, mencionan
las posibilidades de encuentro e intercambio entre personas de
diferentes barrios y experiencias que estos ámbitos posibilitan.

Este intento de desarrollo de una conciencia política es explícitamente mencionado como "clasista" por los miembros del
movimiento. El mismo tiene un lugar fundamental en el trabajo
con delegados/as de las distintas cuadrillas de las cooperativas
de la organización. En la citada conversación proseguía Ignacio:

> Después lo otro que estamos haciendo es una formación más sindi-
> cal, con cierto perfil más clasista, en términos de que conformamos
> "cuerpos de delegados". Entonces, en cada cuadrilla de laburo, que
> puede ser entre diez-quince compañeros, se elige un delegado. Y
> una vez por mes hay reuniones de delegados donde se debaten las
> problemáticas, las necesidades, las urgencias. Y eso está haciendo
> un proceso de toma de conciencia muy fuerte. Estamos constru-
> yendo un clasismo incierto hacia dónde va, que no es el clasismo
> ortodoxo ni clásico, pero bueno.

Asimismo, la premisa de los/as "militantes" de "imprimir discusión política" en las asambleas, expuesta en el capítulo anterior,
evidencia que este objetivo también se persigue de modo informal. Así, tanto los talleres como las prácticas cotidianas de los/
as integrantes más activos/as de la organización establecen un
contexto discursivo que busca estabilizar una serie de sentidos
en torno a la participación en el movimiento.

Las apropiaciones de este discurso que realizan las migrantes
de Altos de San Lorenzo son variadas y complejas. Buscando
aportar a su análisis aquí queremos destacar las prácticas que
desarrollan las mujeres bolivianas en las que se reactualizan
(reformulados) los discursos "militantes".

2.1. Ampliación de los nexos y posicionamientos de clase

El énfasis que las mujeres de Altos de San Lorenzo le otorgan a la posibilidad de "conocer diferente gente" en las diversas
instancias de trabajo señala que la organización abre las redes
en las que se inscriben. A pesar de que muchos de los grupos se
constituyen reproduciendo relaciones conformadas previamente
al ingreso en la organización, los mismos también se interpretan
como oportunidades de socialización con personas con otros
itinerarios vitales o, como nos mencionó Alejandra refiriéndose

a sus compañeras de cuadrilla, provenientes de la provincia de Misiones, exponentes de "otras culturas".

Los espacios de formación y las reuniones que convocan a representantes de las diferentes cuadrillas y barrios son instancias de encuentro entre sujetos de muy variadas trayectorias. Este aspecto es destacado por Rosa y Rosario como una de las cuestiones que más disfrutan de su rol de delegadas. Ante nuestra pregunta por estos encuentros, nos decía Rosa:

> Me gusta, sí, me gusta mucho. Conozco más gente, aprendo más del movimiento, más me informo ahí. De las cosas esas traigo a informarlo acá con las compañeras.

Este proceso de reconocimiento en/con *otras*, unas *otras* muchas veces no-migrantes y/o no-bolivianas, está en la base de la asunción de ciertos rasgos de lo que podemos denominar una identidad de clase, articulada a través de la posición de "trabajadoras desocupadas". En determinadas circunstancias, algunas de las mujeres adoptan elementos del discurso de la organización que articulan la pertenencia social con aspectos de la lucha política. Si bien no encontramos autoidentificaciones como "piqueteras", es posible reconocer un posicionamiento que entrecruza demandas de trabajo, servicios públicos o acceso a los programas de asistencia social con la reivindicación del accionar político de las organizaciones sociales. En este sentido, Leonor decía:

> A mí también me gustaba parar en los piquetes, me gusta (...) porque caminamos, luchamos, conseguimos trabajo, por eso.

Como se observa, estas valoraciones se encuentran estrechamente ligadas con una concepción ideológica que le asigna legitimidad a la lucha. Como afirma Stuart Hall, cada construcción ideológica "nos sitúa como actores sociales o como miembros de un grupo social que tiene una relación particular con el proceso y nos prescribe ciertas identidades sociales. Las categorías ideológicas que están en uso, en otras palabras, nos posicionan en relación con la descripción del proceso tal como es retratado en el discurso" (Hall, 2010: 147). Así, el plural que utiliza Leonor ("camina*mos*, lucha*mos*, consegui*mos* trabajo") expresa el reconocimiento de una experiencia compartida, experiencia que vuelve colectiva (en la "lucha") la pertenencia social.

En síntesis, en muchos casos la participación en el comedor supone un punto de inflexión en el devenir de sus trayectorias. A partir de su intervención en el espacio transforman en parte la composición de las redes que integran, incorporando personas con quienes el reconocimiento compartido no puede circunscribirse a la afiliación étnico-nacional. En este contexto, el discurso de la organización aporta un universo de argumentos que orbita en torno a la "clase social", concepto al cual se remiten muchas de las actividades que realizan las migrantes de Altos de San Lorenzo.

2.2. Las afiliaciones disponibles para las migrantes de Altos de San Lorenzo

La posición de clase adquiere un lugar protagónico en el abanico de afiliaciones disponibles para las migrantes bolivianas en esta zona de la ciudad de La Plata. Como hemos destacado previamente, el devenir de las políticas económicas y sociales desde finales de la década de 1980 estuvo inescindiblemente asociado a procesos de movilización colectiva novedosos, desarrollados principalmente en las periferias de las grandes y medianas ciudades del país. Estos fenómenos consolidaron el desarrollo de numerosas organizaciones con asiento territorial, que ganaron preponderancia en la morfología institucional de diferentes "barrios". Tanto por su capacidad para canalizar demandas en un contexto de pauperización social y desarticulación de las principales estructuras partidarias y sindicales, como por su posicionamiento estratégico en la implementación de medidas que buscaban combatir/paliar la pobreza y la desocupación, estos movimientos aumentaron su presencia cuantitativa y cualitativa y presionaron para profundizar las políticas sociales ejecutadas a través de su intermediación.

Las trayectorias de las migrantes de Altos de San Lorenzo evidencian que desde la década de 1990 muchas de ellas encontraron en los comedores comunitarios de ésta y otras zonas de la ciudad un modo de acceder a beneficios alimentarios primero y a diferentes planes y programas sociales después. Antes de integrarse al espacio donde realizamos nuestro trabajo de campo, habían transitado por organizaciones donde conocieron las lógicas de manifestación y redistribución de recursos características de estos movimientos.

En este marco, el activismo de Ignacio y algunos/as de sus compañeros/as de militancia logró consolidar un colectivo que se desarrolló por medio de su emplazamiento en las redes de migrantes bolivianas que comenzaban a asentarse en el área.

Algunos testimonios narran cómo este referente se esforzaba por incentivar la participación de algunas mujeres del barrio. Luego de explicar su paso por otros locales de grupos políticos y de enumerar las paisanas del comedor a las que conocía antes de su incorporación, decía Marina, una de las primeras tarateñas en arribar a Altos de San Lorenzo:

> — A Nacho también lo conocía, a Mercedes [la anterior pareja de Ignacio] también. Del barrio les conocía. Vivían a la vuelta.
>
> — ¿Se conocen en el barrio? ¿En la calle?
>
> — Sí, en la calle, en la calle nos cruzamos y ahí hablamos: "en ahí va a haber reunión, así, puedes sumarte". También estaba Gregoria, las antiguas, después estaba Margarita, harta gente había.

Nuestras conversaciones con Ignacio permiten enmarcar esta dinámica en un contexto de "competencia" entre organizaciones y referentes. Durante una entrevista realizada en el comedor, relataba la conformación del barrio durante la década de 2000:

> Siempre ha habido mucha participación, es un barrio con mucha necesidad. Lo que había en ese momento, te estoy hablando hasta el 2007, 2006, eran muchos más comedores. Es un barrio que en el proceso de movilización de 2001 y 2002 participó mucha gente, ya sea porque participaban en el comedor del Polo Obrero o en el comedor de la CTD [Coordinadora de Trabajadores Desocupados] o en el comedor de La Falcone o en el comedor de Barrios de Pie. O sea, todas las organizaciones estaban en el barrio. Pero además de que estábamos todas las organizaciones, estaban todos los punteros, todas las líneas internas del PJ: el kirchnerismo, el duhaldismo, [Felipe] Solá, los Rodríguez Saá tenían su patita ahí, o sea, estaban todos. Entonces toda la gente, en un sentido o en otro participaba, estaba organizada.

Ignacio advierte que desde comienzos de la década actual algunos espacios han sido cerrados, transformando en alguna medida esta característica del barrio. Sin embargo, destaca que en Altos de San Lorenzo la participación en comedores comunitarios fue un fenómeno masivo durante al menos los últimos quince años. Muchos de estos ámbitos comparten un registro discursivo reivindicativo, que articula una revalorización de la pertenencia social y de las medidas de protesta enunciadas como "lucha".

En este sentido, en este barrio la posición de "trabajador/a desocupado/a" –que articula "clase" con participación en organizaciones territoriales– está ampliamente extendida como modo de canalización de demandas que posibilitan el acceso a recursos.

Tanto en términos identitarios como institucionales, el proceso histórico ha cristalizado un sujeto legítimo en ciertas disputas sociales (Manzano, 2007). La posibilidad de la representación de las identidades se conecta con el devenir particular del campo político (Bourdieu, 1990: 47). Adscribir a esta figura, por lo tanto, garantiza un lugar reconocido y reconocible en las disputas por los recursos en este contexto de recepción.

2.3. La clase en los modos de organización del conflicto social

Las demandas relativas al trabajo y la seguridad social, así como las vinculadas a los servicios públicos y a la protección frente al delito, no encuentran para estas mujeres canales apropiados de resolución si son desarrolladas por colectivos que explicitan su afiliación migratoria. Por el contrario, siguiendo su consideración del proceso, para posicionarse como miembros de segmentos poblacionales reconocidos tanto por las políticas sociales como por el discurso público dominante en la sociedad receptora necesitarían integrarse en espacios con otras características. Así, sería la participación en el movimiento la que las habilitaría para exigir el cumplimiento de ciertos derechos económicos y sociales a través de su ingreso a la arena política.

Entonces, es posible proponer que el comedor opera un "enclasamiento" de las mujeres bolivianas que lo integran. Al ampliar sus redes sociales y sostener los contextos a partir de los cuales adoptan y experimentan identificaciones vinculadas a la "clase", este espacio se manifiesta como una vía de ingreso a posiciones legítimas en la disputa por la distribución de los recursos.

Raymond Williams destaca que las instituciones influyen en el devenir del proceso social por medio de una dinámica de socialización que es "en la práctica, en cualquier sociedad verdadera, un tipo específico de incorporación" a un marco cultural particular (Williams, 2009: 161). El autor afirma que "cualquier proceso de socialización, obviamente, incluye cosas que todos los seres humanos deben aprender; pero cualquier proceso específico vincula este aprendizaje necesario a un selecto rango de significados, valores y prácticas que, en la misma proximidad de su asociación con el necesario aprendizaje, constituyen los verdaderos fundamentos de lo hegemónico" (Williams, 2009: 162).

Si bien Williams señala a la escuela, la comunidad, el trabajo y las comunicaciones como las instituciones principales de las formaciones sociales contemporáneas (2009: 163), entendemos que el placer o gusto que las migrantes experimentan durante las actividades de la organización se relaciona con la aceptación de las lógicas del movimiento, a partir de las cuales asumen que lo demandado les corresponde. Así, sus testimonios expresan que este espacio replica una lógica de funcionamiento en la cual una serie de "aprendizajes prácticos" se justifican en valores y significados que definen una posición de clase. Decía en este sentido Rosario durante una de nuestras conversaciones:

> De a poquito yo fui entendiendo lo que era el movimiento. Siempre las primeras veces cuando yo ingresé no entendía bien el por qué movilizábamos, de dónde venían las cosas, quién lo daba... no entendía nada de eso. De a poquito yo iba preguntando. Nacho y Mercedes estaban, los dos. Ellos nos guiaban un poco más, nos explicaban cómo era el movimiento, de dónde venían las cosas, cómo se lo conseguía. Yo intentaba ser curiosa y aprender, poder informarme para poder entender las cosas. Y ahí me explicaba, esto es así, esto es asá.

La organización se manifiesta como una vía de ingreso a posiciones previamente instituidas (en este caso las "trabajadoras desocupadas"), un medio de incorporación a un universo de prácticas y discursos que permite encarnar un lugar reconocido en ciertas disputas –específicamente por la distribución de los recursos de las políticas sociales– del proceso social. No es intención de este trabajo discutir la entera configuración hegemónica de nuestro país y el lugar que la "clase" y la participación en organizaciones territoriales ocupan en él. Pero las evidencias de campo permiten proponer que estos criterios de clasificación social adquieren una relevancia ineludible para las mujeres de Altos de San Lorenzo en su interpretación de los modos de organización del conflicto social.

Si la hegemonía es un tipo de estructuración social que define las maneras y los lenguajes en que será disputada (Roseberry, 2007), es importante observar que movimientos que se proponen combatir el "sistema social" como el que integra el comedor comunitario pueden actuar en ciertos contextos con las mismas categorías que tal "sistema", permitiendo estabilizar los registros de la lucha, volviendo inteligible el campo común sobre el que la misma se desarrolla. De esta manera, el "enclasamiento" que opera la organización no es sólo una forma de entrar en contacto con las instituciones oficiales para recibir sus recursos, sino que es, a su vez, una forma de adquirir una existencia social reconocida.

A partir de las conexiones históricas que encuentra entre la experiencia piquetera y las movilizaciones en torno a la implementación desde la década de 1980 de políticas de asistencia alimentaria destinadas a familias con jefes de hogar desocupados o de bajos ingresos en La Matanza, Virginia Manzano (2007) destacó que la dinámica de la acción colectiva en los sectores populares se constituye en un conjunto de tramas relacionales que configuraron un espacio social de disputa en torno a la "desocupación". En este sentido, afirma que la desocupación se fue definiendo como problema en un marco que incluye ocupaciones de tierras, prácticas religiosas inscriptas en comunidades eclesiales de base y estrategias sindicales en las que se produjeron conjuntamente políticas estatales y modalidades de acción de los grupos subalternos. El trabajo con las mujeres bolivianas de Altos de San Lorenzo nos encuentra con esta trama en la periferia de La Plata y con los procesos de subjetivación que condiciona entre personas que arribaron a la zona –y, en algunos casos, a la Argentina– recientemente.

2.4. ¿Desplazamientos estratégicos?

Algunos de los testimonios expuestos previamente manifiestan la voluntad de estas mujeres de ampliar las redes de las que participan e integrarse a cadenas relacionales con mayor protagonismo de personas que no son objeto de las atribuciones negativas y negativizadas de *bolivianidad*. En algunos casos, inclusive, esta pretensión parece implicar el borramiento/ocultamiento de la condición migrante, para integrarse como "un/a argentino/a más". Entonces, el "enclasamiento" que habilita el comedor, descrito anteriormente, pareciera desarrollarse enmarcado en estos procesos.

En "Articulaciones cambiantes de clase y etnicidad: una villa miseria de Buenos Aires", Alejandro Grimson destaca un "clasismo estratégico" de parte de migrantes que gestionan demandas al Estado a partir de adoptar posiciones identitarias relativas a la clase (Grimson, 2009: 245). Recuperando su perspectiva nosotros consideramos que estas prácticas, además de un posicionamiento de clase, conllevan la búsqueda de disimular en ciertos espacios la historia migratoria personal y/o familiar. En este sentido, nuestra propuesta conecta estos planteos con el reconocimiento de la "presión discriminatoria" (Rivero Sierra, 2011) que perciben estas mujeres.

Estas (re)articulaciones identitarias se expresan en un abanico amplio de esferas. En este sentido, debemos reconocer que la búsqueda de disimular las atribuciones de *bolivianidad*, en sus manifestaciones más intensas, suele estar referida con mayor vigor a los hijos que al propio devenir. Así, el imperativo para los/as niños/as pequeños/as (en muchos casos ciudadanos argentinos) es el de adquirir las aptitudes necesarias para no evidenciar en ciertos contextos sus orígenes familiares.

Entonces, nos preguntamos, ¿es posible caracterizar estas actitudes como "estratégicas"? ¿El posicionamiento de clase, como modo de invisibilizar en ciertos contextos el pasado migratorio, es un objetivo de los agentes o es (también) la expresión de las presiones del entorno social que legitima y deslegitima posiciones y adscripciones en función de las situaciones y acciones en las que participan los sujetos?

Dos argumentos permiten complejizar el interrogante. Por un lado, es importante reconocer que la adopción de posiciones identitarias relativas a la clase y la participación en redes institucionales priorizando tal adscripción no implica una negación de la "colectividad". Focalizándonos en el comedor comunitario, observamos que, en su amplia mayoría, se encuentra compuesto por mujeres oriundas de Bolivia. Del mismo modo, considerando las redes de relaciones que reconstruimos en el primer capítulo vemos que, más allá de la búsqueda de colegios céntricos para sus hijos, nuestras entrevistadas eligen seguir manteniendo ámbitos de socialización ligados a la *bolivianidad*. Por lo demás, resulta evidente que esta pertenencia –y las relaciones que la sostienen– operan como un recurso que interviene en la posibilidad de acceso al comedor. En este sentido, la pertenencia a la "colectividad", así como el intento de disimularla que orienta algunas estrategias de incorporación relevadas en este trabajo, manifiestan su "simultaneidad" (Levitt y Glick Schiller, 2004).

Estas constataciones podrían sugerir ciertos vínculos instrumentales con las pertenencias. Sin embargo, también encontramos testimonios que dan cuenta de la apropiación cotidiana de la posición de "trabajadoras desocupadas" y de la valoración de las modalidades que la misma asume entre las integrantes de la organización. Mientras muchas de las relaciones que se fortalecen

en el comedor son consideradas emergentes de una sociabilidad
étnico-nacional, algunos de los elementos que las constituyen son
referidos a un marco de interpretación relativo a la idea de "clase".
Podemos recuperar algunos fragmentos de nuestras conversaciones con Francisca que nos dejan graficar estas apropiaciones.
Ante la pregunta acerca de los cambios que significó en su vida
la participación en el comedor, decía:

> — Sí, porque en la casa nomás te aburres. Acá vengo, hablo con las
> compañeras, socializo más, hago amistad, conozco a las compa-
> ñeras, su problema. Así del movimiento mismo también: aprendí
> muchas cosas que por ahí no sabía: por qué salían, qué querían.
> También a valorarse una misma, no dejar que te discriminen.

> — ¿Eso lo aprendiste acá también? ¿Cómo?

> — Porque las compañeras mismas te enseñan: aprendés a hablar,
> aprendés a perder la timidez, conocés cómo se maneja el Estado,
> por qué te dan. Creo que es justo también pedir, ¿no?, todo eso
> que lo vamos a pedir: las condiciones en las que vivimos, no nos
> alcanza la plata. Hay muchas compañeras que por ahí son madres
> solteras, son viudas que necesitan, que no pueden ir a trabajar así
> de limpieza porque no pueden dejar a los chicos. Por eso sobre
> todo vienen acá, porque les queda más cerca también.

Francisca "aprende" modos de expresarse, funcionamientos
institucionales y una moral que reivindica la lucha política y en
ese aprendizaje logra afirmarse, adquiere confianza para enfrentar las agresiones discriminatorias. Pero la seguridad que genera
no se vincula con un orgullo "migrante", sino que proviene de una
visión de mundo que revaloriza a los sectores sociales oprimidos
por medio de un "clasismo" que conecta las dificultades económicas con otras circunstancias de la vida, como la maternidad en
soltería o la viudez. Sus compañeras en el comedor comunitario,
que Francisca menciona como "paisanas" cuando habla de las
fiestas que se organizan en Altos de San Lorenzo o de la frustrada
experiencia contra la "inseguridad", son nombradas por el vínculo
organizacional cuando lo que prima es el señalamiento de las dificultades que atraviesan y la justicia de los reclamos que exigen
medidas que reparen dicha situación. Si encontrarse con ellas
implica eludir el aburrimiento, pero también aprender y adquirir confianza, la dimensión de la autoestima personal resulta un
aspecto clave de la participación de esta mujer y del placer que
la misma le genera. En este sentido, el orgullo que experimenta
es un aspecto inescindible de sus prácticas en la organización,

que le permiten asumir una posición legítima en el cotidiano de la vida que se trama en las actividades del comedor.

En este caso, los posicionamientos de clase no se producen a través de una decisión instrumental situacionalmente emplazada, sino que los mismos se recrean en la vida diaria y en las relaciones personales. La dimensión afirmativa de la adscripción, que se fundamenta en una experiencia valorada, permite reconocer la presión "clasista" (que también reproduce el movimiento) que se expresa a través de la posibilidad de ocupar posiciones desde las cuales discutir legítimamente una condición subordinada.

De esta manera, las adscripciones en términos de clase social que desarrollan las mujeres bolivianas tienen lugar en un marco social que fija límites para los posicionamientos étnico-nacionales y genera presiones para canalizar las demandas bajo registros clasistas. La experiencia de la discriminación no se articula políticamente en Altos de San Lorenzo, en parte porque su propia percepción opera como disuasivo. Ahora bien, esto no implica un movimiento especulativo de parte de los sujetos, sino que la experiencia de la injusticia y la opresión se semantiza con una discursividad de clase.

3. Configuraciones de lo público y diferencia

Ahora bien, ¿qué nos dicen los procesos y dinámicas de "enclasamiento" que venimos describiendo respecto de la elasticidad del "régimen de incorporación"? Encontramos productivo para iluminar esta cuestión comparar nuestro trabajo con otros casos de "incorporación" desarrollados por la bibliografía sobre la temática.

Riva Kastoryano destaca en "Religión e incorporación. El Islam en Francia y Alemania" que, luego de la institucionalización del "derecho a la diferencia" promovida por el gobierno socialista en 1981, en la república francesa "las identidades [étnicas] constituyen ahora a las comunidades [migrantes], con el objeto de competir por los recursos del Estado" (Kastoryano, 2006: 445). De esta manera, Kastoryano observa, luego de las citadas transformaciones jurídicas, una reestructuración organizativa en clave étnica de los y las inmigrantes en el contexto galo.

Según explica, a partir de las discusiones que se suscitaron en ese país en torno a la posibilidad de que mujeres musulmanas asistan a la escuela con sus tradicionales "cendales", con la consecuente mediación que realizaron los imanes de esta religión, el Islam se convirtió en una diferencia reconocida en el espacio público y, por lo tanto, habilitada en la puja por determinados recursos: "este énfasis en el Islam como nuevo sujeto u objeto de la sociedad francesa, y en las poblaciones musulmanas dentro de un discurso público cultural e ideológico, ha facilitado que las familias musulmanas opten por situar la identidad religiosa en el centro de sus intereses políticos" (Kastoryano, 2006: 448).

A diferencia de lo planteado por esta autora, en el caso estudiado la conformación de la "comunidad legítima" en la disputa por los recursos, al menos desde la perspectiva de las mujeres del comedor comunitario, está circunscripta a la clase. Entonces, desde el punto de vista de la "incorporación migrante", la participación en el movimiento piquetero implica la adopción de posiciones no-migrantes, instituidas en la articulación entre políticas sociales y transformaciones en la acción colectiva expuestas previamente.

En este sentido, observamos que mientras en el caso expuesto por Kastoriano lo que se percibe es una transformación del universo de posiciones legítimas en el espacio público, el modo de acceso al mismo que encontramos entre las mujeres objeto de nuestra investigación se da por medio de un corrimiento del lugar de la diferencia, en beneficio de posiciones ya instituidas. Es decir, que la participación de las bolivianas de Altos de San Lorenzo en el comedor no se vincula con la ampliación del reconocimiento de la otredad en el contexto de recepción, sino que la capacidad de articulación de la población migrante con las instituciones estatales que se pondera en este espacio parece centrarse en su capacidad para situarlas en el lugar –previamente formado y legitimado– de las "desocupadas".

De esta manera, sus modos de garantizar sus derechos económicos y sociales implican movimientos que abarcan desde desplazamientos posicionales hasta estrategias de ocultamiento de ciertas características étnicas, culturales y jurídicas (que se articulan en torno al reconocimiento de su pasado migratorio), de acuerdo a los niveles de violencia simbólica que consideren enfrentar. Así, a pesar de las transformaciones en las "políticas de reconocimiento" que supuso la Ley 25871 observamos que las "políticas redistributivas" (Fraser, 1997), centrales en las vías de acceso a dispositivos que garantizan los derechos de las personas, se desarrollan apelando a categorías que suponen sujetos cultural e identitariamente uniformes.

4. Intersecciones entre clase y etnicidad

En el transcurso de este capítulo hemos planteado a la clase y la etnia como dimensiones sobre las cuales los sujetos configuran sus posiciones identitarias, destacando el carácter diferencial que cada una adquiere en los contextos de intervención de las mujeres de Altos de San Lorenzo. Sin embargo, en su experiencia concreta, ambas modalidades de la existencia social se encuentran estrechamente interrelacionadas. Entonces, quisiéramos destacar el modo de interconexión entre pertenencia social y étnica ya que nos permitirá revisar con mayor precisión la conformación de los contextos de recepción y las dinámicas y posibilidades de "incorporación" que en ellos desarrollan las migrantes.

4.1. Tramas étnico-nacionales en los procesos de "enclasamiento"

En su relevamiento de la bibliografía sobre lo que denomina los "movimientos piqueteros", Pinedo (2009) destaca que las aproximaciones "antropológicas" a la problemática han centrado sus análisis en las tramas organizacionales locales que trascienden y engloban a cada experiencia particular, estableciendo límites y posibilidades a su desarrollo. Al mismo tiempo, afirma que las etnografías desplazan la mirada del "actor colectivo" unitario hacia el reconocimiento de la diversidad de lógicas de sentido que se articulan en la cotidianidad de las personas que intervienen en las organizaciones. De esta manera, la "perspectiva antropológica" llama a reconocer, en cada caso específico, las "imbricaciones entre organización y territorio" (Ferraudi Curto, 2009).

En capítulos anteriores dimos cuenta de la importancia de las redes de relaciones entre migrantes bolivianos/as de La Plata –y en particular de Altos de San Lorenzo– en la conformación y el desarrollo del comedor comunitario. Los procesos de sociabilidad y reconocimiento que componen este sistema de interacciones entre paisanos conformaron una trama social sobre la que se asentó el movimiento, arraigando su existencia en esta territorialidad sociocultural. Por otra parte, también señalamos que la participación y conceptualización del espacio por parte de las mujeres migrantes se constituye a través de una referencia constante a su *bolivianidad*. De esta manera, observamos que los dispositivos práctico-discursivos que operan los procesos de "enclasamiento" emergen parcialmente desde y actúan sobre una sociabilidad étnico-nacional.

El discurso de la organización enfatiza las injusticias sociales que provoca el "sistema" y la necesidad de enfrentarse a esta situación. Así, sienta las bases para la configuración de un entramado simbólico que caracteriza en términos de clase la condición social de las bolivianas de Altos de San Lorenzo y justifica los procesos de disputa de recursos que motoriza el movimiento. Las apropiaciones de este relato que realizan las migrantes materializan estas representaciones encarnando en sujetos conocidos de su vida barrial las categorías con las que se clasifica el devenir social.

La cita de Francisca que señalaba sus "aprendizajes" en la organización evidencia el rol pedagógico que les asigna a sus "compañeras". Según su relato, le enseñan a perder la timidez, enfrentarse a quienes la discriminan y el sentido de las "luchas" que el colectivo desarrolla. Cuando argumenta la justificación de las medidas menciona a "viudas y madres solteras" que no pueden ir a trabajar "de limpieza" porque no tienen con quién dejar a sus hijos/as. Así, el sujeto social que da sentido al accionar del movimiento aparece cristalizado en las mujeres que Francisca conoce de su vida en el barrio e, inclusive, de su pasado en Bolivia.

En este sentido, el posicionamiento de clase que protagonizan las mujeres de Altos de San Lorenzo supone la existencia extendida en la zona de redes de sociabilidad y reconocimiento recíproco que no tienen a esta adscripción como prioritaria. A través del ingreso al movimiento, y por medio de una ampliación de las relaciones y de los discursos experimentados, los lazos étnico-nacionales también pueden ser considerados como vínculos clasistas. De esta manera, como señala la bibliografía "antropológica" sobre "movimientos piqueteros", la trama local del barrio establece un marco de posibilidades para el desarrollo de los procesos de "enclasamiento" que, bajo el nombre de "conciencia política y de clase", emprende el movimiento. Este "enclasamiento", entonces, supone un proceso de "traducción" (Bhabha, 2011) entre las identificaciones como "bolivianas" relevantes en la sociabilidad barrial y las promovidas por la organización social.

4.2. Límites simbólicos a la bolivianidad y desplazamientos

La identidad étnico-nacional no es para nuestras entrevistadas una posición legítima en sus intentos de consolidación de un colectivo desde el cual interactuar con las instituciones y sujetos de la sociedad de destino. A diferencia de lo expuesto por distintos especialistas en la temática (Grimson, 1999; Gavazzo, 2004; Caggiano, 2005) estas migrantes no buscan dialogar con las representaciones sobre la *bolivianidad* circulantes en el contexto de recepción como una estrategia de "incorporación". Por el contrario, en esferas de interacción interculturales, especialmente en aquellas constituidas con integrantes de las agencias estatales, las mujeres de Altos de San Lorenzo eligen adoptar lógicas *desbolivianizantes*, en el sentido de "disimular" su pasado migratorio.

Este proceso, que no sólo se despliega por medio de estrategias conscientes, encuentra en el comedor comunitario una instancia más de su desarrollo. Las posibilidades y mecanismos de "enclasamiento" que la organización pone en juego son apropiadas en el marco de presiones discriminatorias que operan de diversos modos en la vida de las migrantes. En este sentido, las representaciones negativas que recaen sobre "lo(s) boliviano(s)" son un aspecto ineludible de su experiencia clasista.

Desde este punto de vista, las limitaciones simbólicas a la *bolivianidad* que instituye el contexto de recepción motivan la asunción de otros modos de reconocimiento social. Sin embargo, los procesos de etnización en clave nacional que señala la bibliografía, evidenciando incluso territorialidades políticas donde organizaciones de la "colectividad boliviana" ocupan espacios relevantes (Pizarro, 2009; Benencia, 2011), manifiestan que para otros grupos de migrantes los procesos discriminatorios no resultan –o resultan en menor medida– obstaculizantes en el desarrollo de sus vínculos institucionales. Problematicemos brevemente estas diferencias.

4.3. Condicionamientos de clase en las identificaciones étnico-nacionales

Para abordar esta cuestión es importante recordar la relación entre procesos de construcción identitaria y élites grupales. Marta Giorgis reconoce en el trabajo de Thomas Abercrombie (1992) sobre el carnaval de Oruro –realizado en devoción a la Virgen del Socavón– un antecedente en la revisión del papel de las élites en el proceso de construcción de la identidad nacional. Si bien este autor no realiza su análisis en un contexto de migración, el funcionamiento que destaca permite iluminar aspectos de los materiales que recogimos en el trabajo de campo. Giorgis afirma que "según el autor, este complejo espectáculo de danzas y bailes folklóricos es protagonizado y propugnado fundamentalmente por las élites que cada año, durante el carnaval, dejan de lado su menosprecio y se disfrazan de 'indios'" (Giorgis, 2004: 25). Esta investigadora también explicita la polémica generada por el texto de Abercrombie, que fue cuestionado por el lugar excesivo que da a los grupos dominantes, perdiendo de vista la construcción identitaria "desde abajo" y el sentido popular-religioso de la celebración.

Más allá de estas discusiones, consideramos indudable que la construcción de las identidades nacionales –y la realización de las fiestas como un modo de su desarrollo– suponen operaciones de poder, donde las instancias principales las ocupan sujetos relativamente bien posicionados. Esto no implica obviar los múltiples sentidos asignados a las diferentes adscripciones y las complejas negociaciones entre colectivos en la estabilización de una determinada identidad. Pero enfatiza en la interconexión entre las disputas por los significados de las pertenencias y la conformación de las posiciones en el campo de relaciones de una "colectividad".

Si las fiestas son una instancia relevante en la consolidación de la *(neo)bolivianidad* que los/as migrantes desarrollan en los diferentes contextos de recepción (Grimson, 1999; Giorgis, 2004; Gavazzo, 2004; Caggiano, 2005 y 2012), relevar la participación de las mujeres de Altos de San Lorenzo en las mismas sirve como entrada para evaluar su posición relativa en el campo social de personas provenientes de Bolivia asentadas en la zona. En este sentido, salvo los casos de Marina, Estefanía y Alejandra (pertenecientes a una misma red parental), el resto de las mujeres afirmaba integrarse a los festejos únicamente como espectadoras y/o invitadas de algunos/as de los/as "pasantes".

Las mencionadas "tarateñas" habían desempeñado el rol principal en diferentes oportunidades en la celebración de San Severino que se realiza en Altos de San Lorenzo, pero nunca lo habían hecho en las fiestas de mayor convocatoria –y despliegue de recursos– de la ciudad como la de la Virgen de Copacabana o la de la Virgen de Urkupiña. Allí, la participación de Estefanía y de Marina se limita usualmente a desempeñarse como "pasantes de baile", garantizando la presencia del grupo de "Tinku" en el que baila Alejandra.

Son otros los matrimonios del barrio que periódicamente ocupan los lugares centrales, generalmente compuestos por comerciantes y/o contratistas de la construcción que no se acercan al comedor comunitario. Por su parte, los testimonios de la mayoría de las migrantes del comedor articulan creencia con posibilidad de gasto[1] como limitantes de su interés en "pasar fiesta". Un fragmento de la conversación que mantuvimos con Carmen, permite ejemplificar sintéticamente las respuestas generalizadas que encontramos frente a esta cuestión:

— ¿Usted ha sido pasante alguna vez?
— No, es mucho gasto.
— ¿Y cree?
— Más o menos.
— ¿Pero los que son pasantes cómo hacen? ¿Tienen más plata?
— Deben trabajar bien, deben ganar mucho. Tenés que trabajar mucho… Yo tengo chicos chiquitos, muchos tengo, once. Para los chicos tiene que ser lo que ganas, ¿con qué se van a vestir?

La relación entre limitaciones-posibilidades económicas y posicionamiento en las actividades que representan a la "colectividad" frente a otros/as migrantes y a los/as agentes de la sociedad receptora, no se circunscriben a los festejos patronales. El relato que Francisca hiciera del proceso de formación y disolución de una organización "de la colectividad boliviana" conformada para manifestarse frente a la inseguridad en Altos de San Lorenzo, también permite reconocer la vinculación que establece entre desempeño laboral y referentes organizacionales. Recordemos que en aquella rememoración mencionaba que, en una oportunidad, los promotores de la nueva asociación habían invitado a integrantes de otro agrupamiento de migrantes de la localidad de La Matanza. El propósito de esta convocatoria era conocer la experiencia de la organización que ya contaba con personería jurídica y había logrado impulsar con éxito diferentes demandas para sus zonas de asentamiento, tales como asfalto y alumbrado público. Lo que aquí nos interesa destacar es que la única información que Francisca daba de estos sujetos era su estatus laboral: aclaraba que algunos de ellos "eran comerciantes".

La bibliografía que ha profundizado el análisis del asociacionismo de los/as migrantes bolivianos/as (Mugarza, 1985; Balán, 1990; Benencia y Karasik, 1994; Grimson, 1999 y 2000; Benen-

---

1. Para un análisis más profundo de esta relación, concentrado en la Fiesta de la Virgen de Urkupiña en la ciudad de Córdoba, ver Giorgis (2004).

cia, 2000, OIM-CEMLA, 2004; Baeza, 2011; Caggiano, 2005, 2006, 2011 y 2013; Archenti, 2003 y 2008; Archenti y Morales, 2009; Pizarro, 2009 y 2011; Benencia, 2011), también permite reconocer –cuando da cuenta del origen social de sus referentes– las conexiones entre la posición de clase y la capacidad de desarrollar un emprendimiento de estas características. Baeza, centrando su análisis en los agrupamientos de Comodoro Rivadavia, destaca que la situación favorable de posesión de determinados capitales económicos y sociales es fundamental, especialmente en las etapas fundacionales de la asociación (Baeza, 2011: 233). Caggiano, por su parte, muestra cómo la consecución y la exhibición de prestigio ligado al éxito económico opera en el reclutamiento de trabajadores en Bolivia para los talleres textiles en Buenos Aires. Así, se provoca el entrecruzamiento y la superposición de institucionalidades y lógicas culturales, conectando relaciones y sentidos referidos a la vida en los poblados rurales andinos y las festividades aymaras con la lógica empresarial (Caggiano, 2012). Este entrecruzamiento se advierte en la bibliografía citada sobre el asociacionismo que visibiliza los nexos entre prestigio comunitario, situación económica y reconocimiento político de referentes de las organizaciones.

Entonces, señalar los diferentes tipos de condicionamientos que operan en el asociacionismo realmente existente, y su constitución y desarrollo como operaciones de poder intra e intergrupales, permite ver que la construcción y adopción de posicionamientos étnico-nacionales para interactuar con la trama institucional –civil y estatal– en los contextos de destino (al menos en su configuración actual) se intersecta con las trayectorias de los sujetos que activan estos procesos.

Roberto Benencia (2011) y Cynthia Pizarro (2009) han dado cuenta de la relevancia política que en la zona norte del Gran Buenos Aires tienen las organizaciones de productores frutihortícolas bolivianos. Este desarrollo, que parece contradecir los planteos de Grimson (2003; 2006; 2009) acerca de un retroceso de las posiciones particularistas en el "régimen de visibilización étnico", se asienta en la importancia relativa de las personas provenientes de aquel país en la configuración productiva de estas regiones. Indudablemente, la consolidación cualitativa y cuantitativa de importantes tramas sociales y simbólicas es necesaria para la emergencia de actores colectivos de estas características, pero es imposible descartar el rol fundamental de la citada actividad económica en la consolidación, extensión y desarrollo de estas tramas. No estamos intentando subordinar el desarrollo de posicionamientos étnicos a una dimensión económica, sino que, simplemente, queremos remarcar que, al menos en situaciones en los que tales posicionamientos se constituyen en ámbitos que les son adversos (como pareciera ser el caso de las identificaciones "bolivianas" en los diferentes contextos de recepción que releva la bibliografía especializada), una gama amplia de recursos debe ser desplegada para posicionar tal adscripción como un actor legítimo en los diferentes campos de interlocución institucionales.

Pero entonces, ¿qué nos aportan estas reflexiones para pensar las prácticas que encontramos entre las migrantes de Altos de San Lorenzo?

La interpretación que defendemos en este trabajo es que la redefinición de las representaciones negativas sobre la *bolivianidad*, entendida como operación política en campos sociales interculturales, demanda la creación de estructuras materiales y simbólicas que, por ahora, exceden las capacidades de nuestras entrevistadas. De esta manera, la consolidación de una posición de enunciación legítima en el contexto de intervención de estas migrantes requiere una serie de construcciones complejas que se derivan de capitales específicos. Es decir, no sólo capitales económicos y sociales, sino también capitales culturales reconocidos en sus campos de acción.

Para estas mujeres –en la mayoría de los casos– con una trayectoria escolar limitada, socializadas en ambientes rurales donde la lengua prioritaria es (o era, al menos en los momentos en que ellas se criaron) el quechua, que en Argentina se desempeñaron como amas de casa o en trabajos temporarios, la posición étnico-nacional resulta un disvalor en el marco de sus procesos de "incorporación" institucional. De esta manera, los posicionamientos de clase aparecen como una salida ante las restricciones que los marcos ideológicos discriminatorios dominantes en la sociedad receptora les imponen, al mismo tiempo que un modo de recrear la pertenencia étnico-nacional desarrollada en la vida diaria.

Como adelantamos en los apartados anteriores, los procesos de "enclasamiento" y de disimulación (situada) del origen migratorio de ningún modo suponen un relegamiento absoluto de la bolivianidad. Esta adscripción resulta fundamental en muchos de los intercambios cotidianos que sostienen, inclusive en el comedor comunitario. En este sentido, su participación allí puede inclusive movilizar la generación de algunos saberes que se vuelvan operativos contra los ataques xenófobos. Por lo demás, como veremos a continuación, las recreaciones identitarias que dinamiza el movimiento trascienden lo netamente clasista involucrando otras dimensiones de sus vidas como el género, en cuya vivencia lo étnico-nacional aparece con una fuerza ineludible.

Rearticulaciones de género e "incorporación" migrante

En diversos pasajes del presente trabajo sugerimos que la ampliación y fortalecimiento de grupos de mujeres (en muchos casos, asumidos como grupos de mujeres *bolivianas*) que posibilita la participación en la organización se destaca como un aspecto fundamental de la experiencia de las migrantes de Altos de San Lorenzo. En el comedor comunitario, de modo alternativamente complementario, autónomo y discordante con los procesos de "enclasamiento" descriptos en el capítulo anterior, ellas encuentran un espacio de socialización que redefine las vivencias de su condición femenina y les permite, transformando algunas de sus representaciones sobre las relaciones de género, disputar el sentido y la orientación de sus trayectorias en el contexto de recepción.

Las tensiones que genera la participación se desarrollan en diversas direcciones, pero esto no implica que la misma discontinúe todas sus concepciones sobre el rol de la mujer previas al ingreso al movimiento. Por el contrario, tal como lo plantean diversos trabajos que analizan con enfoque de género la migración boliviana a la Argentina (Benencia y Karasik, 1994; Magliano, 2009 y 2013; Magliano, Perissinotti y Zenklusen, 2013; Malimacci, 2012 y 2016), la familia se presenta en los testimonios de las mujeres como marco a partir del cual dan sentido a sus experiencias. Inclusive cuando discuten las representaciones que las sitúan exclusivamente en el hogar, apelan a atributos y funciones asociadas a su rol de cuidadoras y sostenedoras del ámbito doméstico. Para acercarnos a las transformaciones y persistencias sobre esta cuestión, comencemos dando cuenta de las representaciones sobre la feminidad que encontramos en el barrio.

1. Representaciones sobre la feminidad

La migración boliviana que arriba tanto a la ciudad de La Plata en particular como a la República Argentina en general, se constituye generalmente como proyecto de movilidad familiar (Magliano, Perissinotti y Zenklusen, 2013). En este marco en el que las experiencias se constituyen en la mayoría de los casos articuladas de diversos modos a la familia, en el transcurso de nuestro trabajo de campo encontramos diferentes representaciones acerca de las relaciones de género y los roles femeninos. Las mismas integran un universo de discursos relativamente aprehensible que hemos sistematizado como si se tratara de un conjunto organizado. En lo subsiguiente describiremos las principales características de esta configuración, los procesos de reformulación que moviliza la participación de las mujeres bolivianas en la organización y las implicancias de estos fenómenos desde el punto de vista de la "incorporación migrante".

1.1. El matrimonio

La intervención de Alejandra en el grupo de "Tinku" del barrio y la realización de las diferentes "fiestas de bolivianos" en las cuales bailaba constituían un motivo de conversación recurrente con ella en los momentos previos a las asambleas. Sus explicitaciones sobre las modalidades de las prácticas y los intercambios de impresiones acerca de las diferentes festividades, daban cuenta de parámetros y criterios que estructuran dichos eventos y que conforman aspectos del "sentido común" de este grupo de migrantes.

En una de esas charlas Alejandra destacaba que la unidad de participación en la organización de las fiestas es la pareja. De modo impreciso, esta joven refería a una "tradición" que regularía los rituales y asociaba este imperativo ancestral con "responsabilidades" económicas vinculadas a las labores que demandan dichos eventos. En aquella conversación, en la que volvimos sobre la cuestión, ella afirmaba este criterio:

— ¿Los pasantes pueden ser varones y mujeres, es lo mismo?

— Es más cuando son mujer y varón, cuando son pareja. Es mejor que una mujer soltera o un hombre soltero. Porque van viendo que sean juntados o casados pero que sean hombre y mujer, es la tradición. Porque es como que le da una responsabilidad muy grande a una mujer soltera o a un hombre soltero y que quede pasante y diga "voy a contratar, voy a conseguir"... Porque bailan, bailan una cueca, un huayno y ¿van a bailar solos? No. Es hombre y mujer, es una pareja.

De modo concordante, Marta Giorgis afirma en su investigación sobre la fiesta de la Virgen de Urkupiña en la ciudad de Córdoba que

"para ser pasante se deben reunir ciertos requisitos. El más importante es integrar una pareja conyugal (*chachawarmi* en aymara y *qhariwarmi* en quechua, su traducción en ambos casos es hombre-mujer). Esto forma parte de la noción de dualidad y complementariedad en las relaciones de género que caracteriza la cosmovisión aymaro-quechua (Harris, 1985; De la Cadena 1985). El hombre y la mujer aspiran a ser *yanantin* que implica juntarse, igualarse como los dos ojos, las dos manos y las dos mitades del cuerpo (Platt, 1980). Los solteros, viudos o sin pareja no pueden pasar la fiesta. Los residentes llaman a esta condición *chhulla*, que en quechua significa 'impar', un hombre o una mujer a quien le falta su complemento, su igual, su par que propone este modelo ideal" (Giorgis, 2004: 36).

A pesar de que encontramos ciertas continuidades prácticas entre la "cosmovisión aymaro-quechua" reconstruida por Giorgis y lo planteado por Alejandra, entendemos que estos elementos operan de un modo diferente al expuesto por la autora. Si bien es posible reconocer en Altos de San Lorenzo aspectos de lo que se ha denominado las "culturas indígenas andinas", testimonios como el expuesto evidencian que operan con un carácter residual (Williams, 2009) sobre el devenir del proceso social. Para Williams lo residual remite a un elemento cultural que "ha sido formado en el pasado pero todavía se halla en actividad en el proceso cultural" (Williams, 2009: 167). Esta dimensión activa de la herencia cultural, sin embargo, es reinterpretada centralmente en el contexto de las relaciones y discursos que conforman el devenir contemporáneo, adquiriendo sentidos específicos.

En este marco, la cita evidencia que las concepciones sobre la organización de la festividad se formulan desde un conjunto de representaciones de género. La contratación y consecución de elementos necesarios para la realización de la festividad se considera inviable en caso de abordarse de modo individual. Así, encontramos en las referencias a la "tradición" que realiza Alejandra, interpretándolas a partir del contexto que su propio discurso instituye, un reenvío hacia las concepciones que destacan la importancia del matrimonio en las experiencias actuales de los/as migrantes y no una conexión explícita con un modo de vida propio del altiplano. De esta manera, más que apelativos a la "dualidad" y la "complementariedad", el testimonio señala las carencias materiales y simbólicas que, en el marco de trayectorias posibles que ella reconoce para un/a migrante, representa la soltería.

En este sentido, otros testimonios dan cuenta de que la centralidad del matrimonio no se limita a la realización de festividades tradicionales. Casi la totalidad de las migrantes del comedor habían formado parejas estables y concebían su vida como proyecto conyugal. En la cita expuesta Alejandra señalaba el déficit que soportarían los individuos solteros como evidencia de su inaptitud para "pasar fiesta". A su vez, otros testimonios marcan que no sólo la cueca y el huayno "se bailan de a dos", sino también el devenir vital que las mujeres de Altos de San Lorenzo consideran apropiado.

El relato de Leonor expuesto en el segundo capítulo nos muestra la sucesión de intercambios que se desencadenaron luego de la partida de su marido a España. Aquel acontecimiento la motivó a mudarse desde Avellaneda a la ciudad de La Plata, porque allí se encontraban "más parientes". Esta red parental operó como principal sostén en el nuevo contexto, permitiéndole asentarse en el barrio. Tanto su padre como sus primas se movilizaron para permitirle acceder a una vivienda y, a través del comedor comunitario, a un programa de la política social estatal. Entonces, la solidaridad que se generó a partir de su situación evidencia que la caracterización de la soltería como "déficit" se aplica más allá de la realización de festividades.

No representa ninguna novedad que en este tipo de configuraciones se delimite con mucha nitidez una división sexual del trabajo que reserva las tareas domésticas para las mujeres. La bibliografía ha señalado reiteradamente al grupo familiar –patriarcalmente organizado– como base del sistema de relaciones sociales y de la cotidianidad. Sin embargo, consideramos que introducir algunos de sus aspectos permitirá reconocer importantes claves de los procesos analizados en esta investigación.

1.2. El trabajo doméstico

A mediados de 2010 ocurrió el primer conflicto interno de relativa importancia desde el inicio de nuestro trabajo de campo. Las demoras en el comienzo de las reuniones y el elevado ausentismo venían generando fuertes discusiones entre las integrantes del comedor. Durante una asamblea a la que no habían podido asistir "militantes" de la organización, algunas mujeres votaron imponer un sistema de multas económicas para quienes cometieran estas faltas. El mecanismo generó resistencia en la "Mesa del movimiento" y algunas semanas después –y luego de varias discusiones– los/as "militantes" lograron desactivar el dispositivo.

Los posicionamientos respecto a la cuestión manifiestan la relevancia de lo doméstico en la participación. En este sentido, la ya citada Eugenia, joven arribada a la Argentina a mediados de la década de 1990, nos decía en una entrevista realizada por aquellos días en un café céntrico de la ciudad, mientras hacía tiempo a la salida del colegio antes de ingresar a su trabajo en una clínica privada:

> Y yo pensé que [el sistema de multas] estaba bien. Porque siempre empezábamos [la asamblea] a eso de las cinco de la tarde y no te da tiempo porque las mujeres cocinan. A las cinco ya se ponen a cocinar para que esté la comida a las seis, seis y media. A esa hora llegan los maridos (...) La mujer boliviana tiene que cumplir el horario de que llega su marido y la comida tiene que estar... y la casa ordenada. Eso sí, es obligatorio para una mujer casada o con hijos.

La respuesta de Eugenia recuerda la caracterización como función femenina del trabajo doméstico entre los/as migrantes bolivianos/as que realizaron Benencia y Karasik (1994), al establecer tareas –y horarios– de carácter "obligatorio" para las mujeres. Cocinar, limpiar, ordenar y ocuparse del cuidado de los/as hijos/as son las actividades que estructuran la vida de madres y esposas organizando la cotidianeidad en función de su cumplimiento. Alterar el orden de prioridades aparece en la entrevista como una irresponsabilidad grave, que explicaría el interés de estas migrantes en garantizar el respeto de los horarios predefinidos para la realización de las asambleas.

De acuerdo con este criterio los hombres "salen" y "hacen fuerza" en sus trabajos como empleados en la construcción. El esfuerzo físico durante largas jornadas laborales es considerado su aporte a la familia. Desde esta perspectiva, su capacidad de sacrificio es valorada porque garantiza una retribución económica que permite la reproducción de la vida doméstica. Ellos, entonces, mantienen la responsabilidad principal de los ingresos familiares, mientras que las mujeres, si trabajaran fuera del hogar por una remuneración, lo harían para "ayudar".

En síntesis: los maridos deberían salir a trabajar y conseguir el dinero necesario para mantener el hogar. Las esposas serían las encargadas de garantizar la administración doméstica y las tareas de cuidado de quienes lo habitan. Los roles del "proveedor" y de la "cuidadora" se corresponden aquí, una vez más, con "lo masculino" y "lo femenino" (Fraser, 1997). En una de nuestras conversaciones con Felipa, ella reponía el modo en el que se organiza la reproducción material de su hogar:

— Cada semana él [mi marido] cobra y me da cada semana. Agarro la plata.

— Y usted va comprando todo lo que hace falta.

— Todo, sí... Y lo que me pide él, lo que falta, él también me pide y yo le doy.

— ¿Por qué? ¿Los hombres manejan mal la plata?

— No. Pero no sé cómo puede agarrar el hombre. ¿Todos los días puedo pedirle lo que me falta en la casa? No. ¿Hasta el trabajo puedo ir a pedir? No. Lo que agarro, lo que falta en la casa, todos los días siempre falta.

— ¿Y el hombre no va a ir a fijarse qué falta?

— No, no, no. No sabe: qué falta, qué necesitan los chicos, si tienen zapatillas o no tienen... No, no le importa. Con el trabajo nomás. No sabe dónde está parado. Con el trabajo nomás todas las mañanas. Se preocupa del trabajo nomás.

El repaso de esta división de las tareas introduce un aspecto ineludible del sistema de relaciones que participa en los procesos de toma de decisión a partir de los cuales las migrantes de Altos de San Lorenzo se suman al comedor. Diversos testimonios reconstruyen el momento de ingreso al espacio enfatizando las dificultades hogareñas como la motivación principal que las acerca al mismo. Estos relatos –que muestran *un* aspecto del fenómeno– señalan que las mujeres buscarían en el comedor una manera de "ayudar" al marido en el intento de solventar los gastos y proyectos del grupo familiar.

1.3. El género en las relaciones intergeneracionales

> Estuve trabajando hace un año y medio más o menos –nos decía
> Alejandra–, estuve trabajando en una confitería, de cocinera: [en
> la calle] 8 [entre] 48 y 49. Pero trabajaba y era muy poco lo que
> ganaba, porque me pagaban por semana $105. Todavía no me ha-
> bía salido el documento, y mientras esperaba el documento era
> eso, pero después me cansé y mi viejo también se cansó porque
> llegaba... No, no era que llegaba tarde sino que vagueaba por ahí.
> De las tres de la tarde que salía, llegaba tarde a mi casa. No hacía
> nada, pero no le gustó, porque yo le agarré la vagancia, llegaba
> muy tarde. Desde las siete y media [de la mañana] que salía de
> mi casa, para entrar a las ocho, salía a las tres de la tarde y capaz
> que me quedaba por ahí, por el centro, vagueaba hasta tarde (...)
> Porque me hice muchas amistades ahí en el trabajo. Y era gente
> grande, yo era la más chica. Habíamos armado un grupito de cua-
> tro, cinco chicas, y había dos jóvenes, que eran una chica y yo y
> después tres chicos más pero eran grandes. Y todos los de ahí son
> personas grandes. Y me fui conociendo y fuimos saliendo al cine,
> a comer, a tomar... Pero todavía no tenía a mi nene... Pero igual no
> le gustó y lo tuve que dejar.

Padres y hermanos mayores aparecen en diferentes relatos
participando en y/o direccionando los procesos de toma de decisión sobre aspectos de la vida personal de nuestras entrevistadas.

La cita reproducida más arriba da cuenta de ciertas expectativas comportamentales que recaen sobre las mujeres jóvenes.
Asimismo, la conducta efectiva de Alejandra y el rechazo que generó en su padre nos permite aproximarnos a algunos elementos
del sistema de transgresión (Foucault, 1996) que acompaña esta
definición normativa: los paseos por el centro con amigos/as mayores desconocidos/as de la familia y la vuelta relativamente tarde
al hogar aparecen como infracción de una legalidad que opera en
esta relación. De este modo, las prácticas de ocio que desarrollaba
con sus amigos/as en la zona céntrica de la ciudad (contenidas en
su discurso en el verbo "vaguear") aparecen como contracara de
su presencia en el ámbito doméstico. Así, es ausentarse del hogar durante largas horas lo que termina de otorgarle un sentido
condenable a las actividades de Alejandra. Al mismo tiempo, es
claro que el padre de Alejandra dedicaba especial atención a las
prácticas que desarrollaba su hija y su disposición a reprender
los desvíos y a transformar las condiciones que, de acuerdo a su
interpretación de los sucesos, los generaban.

Por otro lado, cuando Rosario conoció a su segunda pareja en un taller textil del barrio de Flores era una madre soltera que, debido a la partida de su marido a España, se ocupaba del cuidado de su hijo con la ayuda de su tía y sus primas. Las dificultades que atravesaba luego de la ruptura de su anterior matrimonio pesaban sobre ella no sólo al nivel de las frustraciones personales. En su núcleo familiar la partida de su "ex" había desencadenado un conjunto de representaciones que le atribuían cierta incapacidad para seleccionar a sus compañeros.

Esta imagen que pesaba sobre ella llevó a que la noticia del nuevo noviazgo no fuera bienvenida. Tía, primas y hermanos rechazaban la posibilidad de que inicie otra etapa de convivencia y, más aun, que planificara tener más hijos/as. Frente a esta situación, la pareja decidió organizar un encuentro entre el nuevo pretendiente y los hermanos de Rosario:

> Y un día [Juan] me dice "vamos a llamar a tus hermanos a ver qué dicen". Y bueno, vamos a ver a mis hermanos y ahí hablan entre ellos y le dicen al muchacho a dónde estás metiéndote, a dónde estás pisando, para que la gente no ande después diciendo que no conocía o no sabía.

De esta manera, la conversación entre hombres fue el primer paso que permitió la aceptación familiar de su vida amorosa. En el testimonio, los hermanos aparecen explicando los aspectos de la vida de esta mujer y las responsabilidades que implicaría formar una pareja con ella. El noviazgo (o futuro matrimonio) se presenta como un vínculo contractual, mientras que la familia de Rosario busca impedir que el pretendiente alegue en un futuro desconocimiento para romperlo. En este sentido, los hermanos se posicionan como custodios tanto de ella como del propio grupo familiar al cual pertenece: por un lado, protegiéndola de un nuevo fracaso y, por el otro, representándola en las "negociaciones" prematrimoniales.

Estos relatos evidencian un núcleo de autoridad constituido en las relaciones de género intergeneracionales y con hermanos mayores. Ambas instancias –género y generación– se organizan de modo jerárquico. Es necesario destacar, sin embargo, la existencia de casos que dan cuenta de ciertas "rebeldías" femeninas frente a estas instancias. De este modo, la autoridad que representan los varones mayores de las familias se sostiene principalmente a través de su lugar de garantes de los aspectos más arraigados de las representaciones sobre las relaciones de género.

1.4. Aspectos fuertes de las representaciones sobre la feminidad

El posicionamiento de los hermanos de Rosario se estructura en torno a la entidad que más claramente constituye el destino legítimo de las mujeres bolivianas de Altos de San Lorenzo: el matrimonio. La importancia de esta institución en sus trayectorias parece desencadenar la vigilancia y el acompañamiento de su conformación por parte de las autoridades masculinas (recordemos que el padre de Rosario murió cuando ella era muy pequeña) que la acompañan. De modo análogo, los reproches del padre de Alejandra a sus prácticas de ocio remitían a las responsabilidades domésticas que les corresponderían a las mujeres. "Vaguear" por el centro implicaría descuidar el hogar propio.

De esta manera, la división sexual del trabajo que relega a las mujeres al ámbito doméstico, tanto como la centralidad del matrimonio en sus vidas, se manifiestan como aspectos fundamentales de un conjunto de representaciones sobre la feminidad que no parecieran encontrarse en cuestión. Como en muchos otros entornos en los que opera el principio de la familia patriarcal, "ser mujer" implica conformar una existencia dedicada a la reproducción y el cuidado de la vida familiar y del hogar. La "carga ideológica" de esta feminidad (Jelin, 1987) se sostiene, entre otras modalidades, a través de la acción de padres y hermanos mayores.

Las migrantes del comedor comunitario adscriben parcialmente a este universo de sentidos y operan como agentes de su reproducción. Inclusive, algunas de las prácticas que reseñamos anteriormente y que fortalecieron la valoración del barrio y del comedor como espacios "de bolivianos/as" tienen lugar en el interior de los límites que impone esta clasificación de género, manteniendo una relación compleja con la misma.

La obligatoriedad de la reproducción de la vida hogareña parece estar en la base de la conformación de los sistemas de sociabilidad barrial descriptos en el primer capítulo. Numerosos testimonios dan cuenta de que tanto los espacios de aprovisionamiento –supermercado, por ejemplo– como los ámbitos relativos al cuidado de los hijos –el jardín de infantes o catequesis– operan como instancias de encuentro con "otras" que habilitan (o rehabilitan) relaciones de amistad. A su vez, los hogares son nodos privilegiados de estos sistemas. Así, las redes entre mujeres bolivianas que ellas destacan como aspecto característico de Altos de San Lorenzo se conforman hacia el interior de los límites que la clasificación de género impone, por medio de la realización de los roles femeninos asumidos.

Por otro lado, pero estrictamente vinculado a lo anterior, encontramos que el arraigo de la responsabilidad doméstica impone un límite geográfico a las trayectorias socioespaciales que estas migrantes pueden realizar; las tareas permiten alejarse del hogar sólo por segmentos temporales reducidos. Ámbitos como el comedor comunitario permiten extender las esferas de participación de las mujeres sin poner en cuestión la responsabilidad doméstica que asumen. Su ubicación minimiza los riesgos de tardanza, ya que la "salida del hogar" se efectúa hacia un espacio emplazado en el barrio que habitan, lo que permite una circulación entre el ámbito privado y el comedor muy dinámica.

En este caso nuevamente la familia emerge como grupalidad social que define roles que condicionan la totalidad de la vida de las mujeres bolivianas (Malimacci, 2012; Magliano, 2013). En la medida en que el proyecto migratorio se trama como proyecto familiar, las responsabilidades hogareñas impactan sobre las expectativas y prácticas que desarrollan las vecinas de Altos de San Lorenzo. Entonces, sus dinámicas de incorporación se encuentran generizadas tanto por el conjunto de restricciones que recaen sobre ellas –a través de la configuración del mercado de trabajo y la discriminación que soportan, entre otras cuestiones– como por las concepciones que constituyen su agencia y ponen en juego en sus actividades.

Sin embargo, la operatividad en la vida cotidiana de estas representaciones sobre la feminidad, que incluso acompaña muchas de las prácticas relevadas en este trabajo, no implica una estabilización absoluta de los roles y relaciones de género para las migrantes. A pesar de que la intervención en el comedor tiene como condición de posibilidad el posicionamiento imaginario de las mujeres en el ámbito doméstico, posicionamiento que les permite desarrollar las redes de relaciones y las prácticas locales sobre las que se emplaza la organización, la incorporación al espacio también desencadena conflictos en el interior de las parejas y provoca ciertas revisiones de la división sexual del trabajo.

2. Reformulaciones de las relaciones de género

Las actividades laborales y militantes que rigen la vida del movimiento implican un proceso de adaptación para quienes participan en él. Las marchas, asambleas y reuniones se suceden con niveles variables de periodicidad, lo que reorganiza los itinerarios personales de quienes asisten a estos eventos. Los grupos de trabajo, por otro lado, mantienen una regularidad mayor, pero su integración muchas veces supone una transformación de hábitos individuales y familiares.

Estas transformaciones generan conflictos y resistencias entre las propias migrantes, que deben readaptar la programación de sus tiempos ante los nuevos requerimientos que supone la vida organizacional. Como vimos al repasar el sistema de multas que se había implementado frente al ausentismo y la tardanza en el inicio de las asambleas, la tensión entre sus responsabilidades domésticas y las actividades del movimiento impacta en las prácticas colectivas que desarrollan.

A su vez, no sólo las mujeres se vuelven agentes de estas tensiones. Numerosos testimonios ubican en la familia la esfera de interacción donde mayormente se manifiestan focos de malestar a partir de las novedades que supone el ingreso al movimiento. Los maridos encuentran en las reorganizaciones de la vida doméstica faltas a la responsabilidad femenina. Así, sus reclamos y reproches duplican la participación política de sus esposas: si al asumir las múltiples formas de expresión de las relaciones de poder se vuelve necesario reconocer al hogar como un espacio más de su ejercicio, los conflictos que genera el ingreso en el comedor de Altos de San Lorenzo termina de materializar lo que Lourdes Arizpe (1987) llamó la "doble militancia" –política y conyugal– de las mujeres activistas. Ambas modalidades de la participación y del ejercicio y la disputa del poder se constituyen con un nivel elevado de interdependencia: se imbrican conflictivamente a través de las actividades de las integrantes, que hacen migrar lógicas y discursos de una esfera a otra.

El testimonio de Alejandra nos permite visualizar con claridad las novedades que trae la presencia de su madre en el movimiento:

> Antes trabajaba el marido solo y ahora trabajan las mujeres, le parece raro. A mi papá le parece raro que mi vieja salga a trabajar y que no esté la gran mayoría, la gran parte [del tiempo] en mi casa. Porque llegamos al mediodía... Antes [mi mamá] hacía la compra a la mañana durante toda la semana y ahora tenemos que esperar el sábado para hacer todos los mandados, ya tener para toda la semana, entonces todos los sábados ir a comprar.

La transformación de la temporalidad del abastecimiento familiar es sólo una de las cuestiones que generan tensiones en el interior de los hogares. Hemos encontrado un muy variado repertorio de argumentos que los maridos exponen para desincentivar la presencia de sus esposas en el comedor: el peligro de robos al dejar la casa sola, recriminaciones porque estas mujeres saldrían para ir a ver otros hombres, las dificultades que la nueva actividad presenta para el cumplimiento de "obligaciones domésticas" como limpiar y cocinar, etc.

Rosario señalaba los problemas en la crianza de los/as hijos/as que supondría la participación. En su relato se percibe que, en su interpretación, las críticas del marido entrecruzan representaciones acerca de la feminidad con los procesos de organización colectiva desarrollados por mujeres. Ella parece confirmar la capacidad explicativa de estos estereotipos, pero establece su posición en la disputa incorporando un eje que retomaremos luego. Decía Rosario una tarde de 2010, durante una conversación producida en el comedor luego de la asamblea semanal:

> Yo a mi marido le explicaba, a mi marido nunca le gustó. Todavía hoy no le gusta, dice que... Por ahí: "vos vas dejando los chicos, estas jodiendo ahí todo el día", que estamos tironeando, esas cosas, no le gustan esas cosas... [Mi marido] no entiende muy al fondo, por más que le explico no entiende o no le gusta o no quiere entender.

2.1. Empoderamientos femeninos

Los contraargumentos que exponen las mujeres también son variados, pero en la mayoría de los casos manifiestan que el dinero no alcanza y se vuelve necesario que ellas sumen un aporte a la economía hogareña. En este sentido, a pesar de construirse sobre la base de la división sexual del trabajo, la integración en el comedor interviene en la redefinición de ciertos aspectos de las relaciones de género. El empoderamiento económico es, sin duda, el elemento más evidente de estas transformaciones.

Aquella tarde primaveral Rosario evidenció otras dimensiones presentes en la discusión de los roles y las responsabilidades en el ámbito doméstico. En la entrevista ella mencionaba su interés por explicarle a su marido el sentido político de su actividad y reproducía aspectos del discurso del movimiento que exponen los documentos y los/as "militantes" de la organización:

[Mi marido me dice] "estás yendo a la reunión, por qué no te quedás... ¿A qué vas?, acaso no pueden ir las otras compañeras" y así. Pero le digo "pero me gusta, qué querés que haga. Si no entendés lo que es participar. Es muy lindo poder luchar por las cosas que nosotros hacemos, conseguir con la lucha". Los punteros no lo van a hacer así, él no va a entender cómo los punteros manejan al acomodo de ellos, cuando quieren y acá no es así, acá no es así. Entonces para mí eso era muy bueno... Estaba bastante... Para mí estaba todo bien (...) Después, al día de hoy, siempre tenemos la discusión. Por ejemplo ayer nosotros no sabíamos que íbamos a ir a movilizar y en el trabajo nos dijeron "movilización". Llegamos acá [de vuelta de la movilización] a las 10, a las 10 de la noche llegamos. "Dónde está tu seguridad, otra vez estás corriendo ahí" me dijo. "Ay –le digo– callate. Hasta ahora vos no vas a llegar a entender lo que es el movimiento, lo que es mi trabajo". Le digo "este es mi trabajo, así como tu trabajo es tu trabajo y vos sabés cómo es el manejo de ese trabajo, mi trabajo es esto" le digo. Se calla, "bueno, ya está".

La conceptualización en términos de "lucha" de muchas de las actividades, la importancia de las movilizaciones y acciones de protesta, así como la diferenciación de la organización de las "redes clientelares" evidencian la intersección del discurso "militante" en las discusiones domésticas de Rosario. El relato da cuenta de la apropiación de las temáticas recurrentes del habla "militante" que efectúa esta mujer y su actualización en otros contextos. Las premisas ideológicas de la organización funcionan en este caso como argumento en las disputas matrimoniales.

Por otro lado, la discusión de Rosario con su marido introduce una dimensión alternativa de la manifestación[1]. Su relato señala que la politicidad de su intervención no se restringe al ámbito público, sino que también opera al nivel de su vida hogareña. Inclusive, el asesinato de Mariano Ferreyra no aparece aquí como el elemento destacado para asistir a la protesta. Por el contrario, los pedidos de movilización son mencionados como parte de los "manejos de su trabajo" con los que ella debería cumplir.

---

1. La entrevista citada fue realizada el 21 de octubre de 2010, al día siguiente de que un grupo de choque vinculado al sindicato Unión Ferroviaria se enfrentara con trabajadores tercerizados del Ferrocarril Roca que, por medio del corte de vías, exigían su "pase a planta". Un disparo de arma de fuego terminó con la vida de Mariano Ferreyra, militante del Partido Obrero que se encontraba apoyando a los manifestantes. Numerosas organizaciones sociales y políticas se movilizaron esa noche en repudio de lo ocurrido y exigiendo la detención de los autores materiales del crimen y de los responsables políticos del accionar de la "patota"; el movimiento que nuclea al comedor comunitario entre ellas.

Así, la asistencia a la manifestación se diferencia de los sentidos puestos en juego por quienes convocaron a la misma: para Rosario, la prioridad estaba puesta en responder al movimiento, y la asunción de esta responsabilidad supone una discusión de los roles y responsabilidades que su marido busca asignarle. La "militancia política", que aparece aquí como el cumplimiento de un compromiso laboral, impacta –volviendo a la caracterización de Arizpe– políticamente en su vida conyugal.

Asimismo, los/as "militantes" del movimiento buscan desarrollar diversos "espacios de mujeres" en los que se debaten "problemáticas de género". Los mismos son de carácter optativo, por lo que tienen una asistencia fluctuante. Sin embargo, el extrañamiento de la división sexual del trabajo que realizan las migrantes cuando exponen sus conflictos domésticos, también parece retomar argumentos desarrollados por el activismo feminista. Inclusive, luego de que algunas de ellas fueran parte del grupo que viajó al XXV Encuentro Nacional de Mujeres realizado en la ciudad de Paraná (viaje que organizó el área de género de la organización), afirmaban que este tipo de actividades les permite desnaturalizar prácticas y posiciones. Luego de comentarnos su presencia en los talleres de "aborto", Lidia analizaba el rechazo que el tema genera entre muchas bolivianas de Altos de San Lorenzo y la reformulación de sus concepciones posibilitada por el acceso a información "nueva":

> Para mí que ellas no tuvieron la posibilidad de conocerlo, porque allá en Bolivia si tenés un hijo lo tenés que criar. Y yo pienso que es... Bueno, yo quería saber por qué se hacía [el aborto], qué motivos había, cuáles fueron las consecuencias, todo eso. Ahora pienso que sea legal y se haga en hospitales.

Finalmente, resta destacar que la participación en la organización también redefine las relaciones de género a partir del empoderamiento que supone el fortalecimiento de las grupalidades femeninas que conforman el comedor. En este sentido, el ámbito doméstico aparece destacado por las migrantes bolivianas como un espacio de relativo aislamiento social, con diversas consecuencias sobre el carácter y los modos de socialización que desarrollan las mujeres: aburrimiento y retraimiento son destacados como elementos característicos de la vida previa al ingreso a la organización que repercutían en la subordinación a sus maridos.

Alejandra parecía realmente disfrutar de posicionarse como una "informante" de nuestra investigación. Durante las charlas que compartíamos ella abundaba en detalles acerca de sus prácticas y las de su entorno. De esta manera, recogimos diversos testimonios sobre su ingreso al comedor y de los cambios que esta experiencia introdujo en su ánimo y en el de su madre. Alejandra rememoraba su ingreso al comedor:

> Como estaba sola en mi casa y aburrida y no trabajaba y no hacía nada mi mamá me dijo "no vas a estar de vaga, vamos" me dijo. Aparte estaba como muy sola en mi casa. Todo el mundo salía, mi hermano iba a la escuela, el otro también y quedaba sola en casa.

Esta situación de soledad previa explica la valoración de la organización como un ámbito de socialización. Alejandra nos explicaba esta cuestión refiriendo a los cambios que notaba en su madre desde que se sumó al comedor:

> — Porque pienso que es como libertad de una mujer que está juntada. Mi mamá, por ejemplo, yo la veía siempre en mi casa, si no era en mi casa, en la casa de mis tías pero volvía a mi casa. Ahora es más abierta, están como más abiertas las bolivianas, más charlatanas (...) Yo la veía en mi casa a mi mamá y medio que no hablaba, que no era tan sincera. Y ahora no, la veo y se deshace para hablar.
>
> — ¿Eso es porque trabaja?
>
> — Sí, porque conoce diferente gente. Por ejemplo, nosotros trabajamos con argentinos o misioneros. Las chicas de allá, que vienen de otro barrio son de Misiones: entonces es como diferente cultura.

De esta manera, las redes desarrolladas –o afianzadas– en el comedor también operan como espacios de fortalecimiento del lugar de la mujer que, según distintos testimonios, intervienen en la puesta en cuestión de algunos de los "roles femeninos". Si bien el comedor se constituye y extiende en una trama de relaciones signada por una clasificación sexual del trabajo hogareño, las posibilidades laborales que presenta, los discursos políticos que allí circulan y las posibilidades de sociabilidad que habilita permiten poner en cuestión algunos elementos de esa matriz de género.

2.2. Los ámbitos de trabajo

Recordemos que cuando realizamos nuestro trabajo de campo la organización poseía dos cuadrillas de trabajadoras del Programa Argentina Trabaja. Las mismas estaban compuestas en su totalidad por mujeres que formaban parte del comedor comunitario y cumplían su contraprestación laboral de lunes a viernes por las mañanas en las huertas que el movimiento posee en el barrio.

Salvo una excepción, las integrantes de ambas cuadrillas eran mujeres oriundas de Bolivia. Como su conformación había sido discutida en la asamblea, las mismas estaban integradas principalmente por personas con vínculos relativamente estrechos: en su mayoría las trabajadoras de cada grupo se conocía de la vida previa a su ingreso a la organización. De esta manera, componían colectivos de diez mujeres con una dinámica interaccional de mucha mayor confianza y relajación que la registrada durante las asambleas.

El trabajo de remover la tierra, sembrar o apostar alambrados para evitar la intromisión de perros al terreno permitía el desarrollo de largas conversaciones. A su vez, ambos grupos se tomaban un recreo a media mañana en el que todos/as los/as asistentes compartíamos un desayuno con mates, té, galletas, bizcochos y sándwiches en el que se continuaban los intercambios. Allí, siguiendo un mínimo protocolo nos interesamos acerca de sus lugares de origen, el dominio del quechua y las dificultades del uso del español, los criterios de elección de ciertos productos para la siembra (como las habas), etc. A su vez, participamos de otros intercambios relativos a cuestiones de su cotidianidad: la diferencia de tamaños de los distintos lotes de la zona, la importancia de que una de las mujeres –de unos 30 años– se "apure" a tener su segundo hijo, comparaciones entre el Servicio de Ginecología del Hospital San Martín y del Centro de Salud del barrio, coordinaciones para contratar una combi para ir a comprar artículos a la feria de "La Salada[2]", etc.

Esta somera enumeración permite identificar aspectos de sus relaciones. Las mismas son caracterizadas principalmente como vínculos de amistad. Una de aquellas mañanas, Felipa nos explicaba:

---

2. La Feria La Salada es un complejo ferial ubicado en el partido de Lomas de Zamora. Es el emprendimiento de estas características más grande de la Argentina ya que moviliza, según un artículo de Adriana Balaguer publicado en el diario *La Nación*, más de 150 millones de pesos diarios que circulan en efectivo en sus 10.000 puestos cada una de las tres jornadas en las que permanece abierta por semana (*La Nación*, 2013). La informalidad de muchas de las prácticas llevadas adelante en este lugar ha generado numerosas críticas de comerciantes y comentaristas.

— Ahora aquí, cada mañana, somos amigas. Hablamos de todo, todo nos cuenta cómo es la historia, todo nos cuentamos a veces.

— ¿Le gusta venir acá todas las mañanas?

— Sí, ahora con el trabajo sí. Porque yo estaba trabajando en el Municipio [en las cooperativas municipales]... hace un año... Un año y tres meses, cuatro meses trabajaba. Desde que entré al Municipio me gustaba compartir con las amigas y no quería estar más en mi casa. Si no iba a venir a trabajar yo no me quedaba en casa, solamente iba a llevar a los chicos... Yo quería encontrarme, ya me acostumbré.

Las amistades, que aparecen como contrapunto del ya señalado aburrimiento doméstico, tienen a los grupos de trabajo como un lugar privilegiado de su conformación o fortalecimiento. Mientras que en el caso de las mencionadas cuadrillas que se enmarcan en el Programa Argentina Trabaja los grupos aparecen principalmente como continuación de relaciones conformadas previamente, otros grupos habilitan la generación de nuevas amistades –como vimos en el testimonio de Alejandra acerca de sus compañeras "misioneras".

Para muchas de las migrantes bolivianas los espacios de la organización en los que participan se conforman con familiares, amigas y conocidas de ámbitos que trascienden al colectivo. En este sentido, la propia socialización vecinal se ve continuada en los ámbitos del movimiento: los viajes a la feria "La Salada" o las discusiones acerca de la atención sanitaria en el barrio son sólo algunos ejemplos. Desde esta perspectiva, las amistades de estas mujeres evidencian las imbricaciones entre la organización y las redes de sociabilidad del barrio.

2.3. Apropiaciones individuales del capital social

Alejandro Portes afirma que es posible rastrear en los orígenes de la sociología la intuición de que la intervención y participación en grupos puede tener consecuencias positivas para el individuo y la comunidad. Sin embargo, destaca que el aporte de la conceptualización del "capital social" desarrollado en las últimas décadas del siglo XX proviene de su capacidad de llamar la atención sobre la manera en que las formas no monetarias de capital pueden ser fuentes de poder e influencia (Portes, 1999: 244).

Cuando Jorge Balán (1990) señala las restricciones a la sociabilidad de las mujeres bolivianas migradas a la Argentina, caracterizando el fenómeno como un proceso de "reducción de su autonomía", apunta en la misma dirección que los teóricos del "capital social". Las rupturas de sus redes sociales que opera la migración y las dificultades de reconstrucción de sistemas de lazos relativamente amplios condicionarían, según el autor, las opciones de las mujeres remitiéndolas al ámbito doméstico. La configuración del mercado de trabajo –que no ofrece demasiadas posibilidades atractivas para las migrantes– y las dificultades para compartir las tareas de cuidado –provocadas por la propia reducción de las redes– generan un despojo de capitales que desbalancea las relaciones de género.

Los testimonios que narran una ruptura del "aburrimiento doméstico" una vez ingresadas a la organización apoyan esta interpretación. Desde esta perspectiva, el comedor emerge como una posibilidad de fortalecer y extender las tramas de sociabilidad de las que forman parte nuestras entrevistadas y, por lo tanto, como un medio de empoderamiento en términos de capital social.

El acceso a diferentes programas de política social es una manifestación de estos procesos. También lo son emprendimientos individuales desarrollados a partir de la ampliación de relaciones producida por la presencia en este espacio. Antes, durante y al finalizar las asambleas –también en movilizaciones– dos "vendedoras" que integran el movimiento aprovechan la conglomeración de personas y ofrecen sus productos.

Juana, una mujer de unos cincuenta años que llegó a la Argentina a principios de los años noventa, asiste a las actividades de la organización con grandes bolsas que contienen productos realizados en base a cereales (como maíz, trigo y arroz inflado) y habas tostadas. Según nos comentó en una charla informal, introducir su actividad comercial en estos espacios le permite complementar los ingresos que obtiene de la venta de estos productos en el Mercado Regional de la ciudad.

Por su parte, Alejandra lleva bolsas con cosméticos y los catálogos de dos conocidas marcas que se comercializan a través de sistemas de "venta directa[3]". Durante muchas de las asambleas los folletos que contienen imágenes, descripciones y precios de los productos circulan entre las asistentes y, al finalizar, se reali-

---

3. La venta directa es la comercialización de bienes fuera de un establecimiento comercial, directamente al consumidor, mediante la demostración personalizada de catálogos por parte de un representante de la empresa vendedora.

zan los intercambios o pedidos y se pactan encuentros. Alejandra nos comentaba que además de suministrarle un ingreso, esta actividad le permitía "distraerse un poco" cuando las asambleas o manifestaciones se "hacen largas".

El formar parte de espacios colectivos, en los que se sostienen relaciones cotidianas con un conjunto amplio de personas, les permite a estas mujeres desarrollar o potenciar emprendimientos económicos individuales. En el caso de Juana, las asambleas y manifestaciones multiplican las oportunidades de comercialización, permitiéndole generar situaciones de venta en su propio barrio o en momentos alternativos a su presencia en el Mercado. Por su parte, los ámbitos de socialización que integra Alejandra constituyen una variable determinante de su desempeño como vendedora. La conexión entre los vínculos sostenidos en el comedor y las redes de sociabilidad del barrio la sitúan en una posición de visibilidad y reconocimiento que ella se esfuerza por capitalizar económicamente.

De esta manera, la ampliación de los espacios y relaciones de estas mujeres también repercute en sus posibilidades de desarrollar proyectos comerciales individuales. El capital social, así, se vuelve una condición relevante de su emprendedurismo.

3. Nuevas vivencias femeninas

A mí me gusta ir a marchar –nos decía Felipa una mañana en la huerta, mientras sus compañeras trabajaban. Lo que no me gusta es llegar tarde. [A la vuelta] muchas veces pasan cosas. A veces los chorros están golpeando adentro del tren. [Las "nuevas"] a veces se pierden, cuando no saben caminar mucho, las "nuevas" tienen miedo y se pierden. Hasta yo misma, la otra vez, con dos amigas nos perdimos. Yo estaba mal [descompuesta] y regresamos a Constitución, al baño. Para que vuelvamos no había nadie [que nos acompañe]. Y fuimos volviendo hasta Ministerio [de Desarrollo Social de la Nación]. Y nadie no había [del movimiento]. Unas cuantas personas ahí había y cuando preguntamos "¿el movimiento de La Plata, no lo vieron?" Nos dijeron "pasaron por acá, se fueron". Ahí dijimos, "no nos vio nadie".

Bajamos al subte. En vez de agarrar a Constitución, agarramos para el lado de Retiro. Hasta Retiro llegamos. Ahí me di cuenta y "tenemos que volver en este tren" les dije. "Este va derecho hasta Constitución". Y volvimos y cuando estábamos volviendo a Constitución en el subte ahí subieron las compañeras. Ahí encontramos.

No avisamos a ninguna, porque si no "no sabe ir" nos decían. De calladitas, no vas a avisar a nadie –decía y se ría.

Los distintos testimonios expuestos a lo largo del capítulo permiten reconocer que la intervención en la organización provoca una serie de transformaciones en la vida de estas mujeres. La presencia en el espacio no genera cambios drásticos en las representaciones sobre la división sexual de ciertas responsabilidades domésticas. Inclusive, la participación se desarrolla como una continuación de relaciones que tienen lugar al interior de estos criterios de género. Sin embargo, hemos visto que el asumirse como "trabajadoras", el acceso a recursos económicos, la posibilidad de salir del hogar y entablar o profundizar relaciones con otras mujeres y la familiarización con distintos discursos políticos permiten empoderamientos femeninos que resignifican los roles en el hogar.

Desde las primeras problematizaciones de lo que en los años 1980 se denominó "nuevos movimientos sociales", distintos/as autores/as se preocuparon por analizar estos colectivos y los fenómenos que provocaban desde una perspectiva de género. Teresa Pires do Rio Caldeira (1987) afirma que una de las primeras cuestiones que llamó la atención de los/as analistas fue reconocer "cuál es el tipo de vivencia al que se le da mayor énfasis en relación con la participación igualitaria de los movimientos" (Caldeira, 1987: 95). Según su relato la discusión se centró en calibrar, en la experiencia de las mujeres que se integraban a los movimientos urbanos de la periferia de San Pablo (comunidades eclesiásticas de base, sociedades de amigos del barrio y asociaciones de pobladores), las relaciones de la vivencia de clase y de género en sus modos de intervenir en las organizaciones.

Caldeira destaca que en zonas populares de la ciudad brasileña "es la vivencia de la condición de mujer pobre (...) lo que está siendo recalcado ya que dicha condición está siendo a la vez modificada. Juntas, en situación de igualdad, hablando de sus problemas, buscando soluciones comunes, aprendiendo, intentando recuperar el tiempo perdido, lo que las mujeres parecen estar viviendo es una modificación, aunque pequeña, del papel femenino, que comienza a volcarse hacia afuera" (Caldeira, 1987: 95).

En sintonía, las mujeres bolivianas de Altos de San Lorenzo se encuentran en un proceso de transformación de los roles asumidos que tiene a su adscripción femenina como uno de sus núcleos centrales. Como señala la investigadora brasileña, se desarrollan nuevos modos de ser mujer a partir de la presencia en el comedor comunitario.

Este cambio en las representaciones de género es construido estableciendo un eje de contraste con el aislamiento social que destacan como característico de la vida previa a su ingreso a la organización. La experiencia del arribo a otras zonas de la Argentina en las cuales no había "paisanos" con quienes compartir momentos de trabajo y/o de ocio y la circunscripción de sus actividades a los límites del hogar que definía su vida como "amas de casa" son los contrapuntos a los que recurren usualmente para graficar el cambio que significó esta etapa. Desde esta perspectiva, la participación y el trabajo en Altos de San Lorenzo tendrían la particularidad de intensificar la vida social, generando una serie de rupturas conflictivas y ambiguas con sus experiencias previas. El encuentro cotidiano con amigas, el acceso a dinero propio, la salida del hogar, la socialización con personas de "diferentes culturas", el conocimiento de otros modos de comprender las relaciones de género y la posibilidad de darle un sentido social y políticamente trascendente a las actividades diarias se destacan como novedades que se oponen al aburrimiento y al sometimiento típicos de lo que la literatura llamó la "familia patriarcal".

A su vez, esta nueva etapa vital es caracterizada desarrollando simultáneamente un eje de identificación. Si bien estas nuevas modalidades de la feminidad tienen en los relatos una evidente dimensión individual, se constituyen sobre la base de una experiencia colectiva. Hay, en los testimonios, un señalamiento recurrente del salir al mundo, enfrentar los miedos y los problemas –enfrentar también a los maridos– que se produce a partir de poder compartir parte de estas vivencias con *otras*.

Perderse en el subterráneo de una capital metropolitana es una situación angustiante que evidencia los peligros a los que expone la práctica militante de asistir a protestas en otras ciudades. Sin embargo, el hecho de haber transitado esta circunstancia con "amigas" la vuelve una historia divertida para contar, manifiesta que también los errores pueden ser fuentes de picardía y complicidad. La pregunta que le habíamos realizado a Felipa apuntaba a indagar los sentidos en torno a la rutina de "marchar" a la Capital Federal. Su respuesta, graficada con una anécdota, evidencia que la práctica de la movilización permite una doble acumulación de la experiencia. Por un lado, da cuenta de su historial militante, de los aprendizajes necesarios para desarrollar la participación política reduciendo los peligros asociados. Por el otro, habla de un recuerdo compartido, de una historia común que sostiene un vínculo de amistad.

La adaptación a los "nuevos códigos urbanos" (Grimson, 1999) –que también vimos en las descripciones de la sociabilidad entre bolivianos/as de Altos de San Lorenzo– es destacada por la literatura especializada como característica de los procesos migratorios. Del mismo modo, sobrellevar los miedos que genera el aprendizaje y desarrollar las aptitudes necesarias para atravesar satisfactoriamente el proceso es un aspecto característico de la vivencia de las mujeres de Altos de San Lorenzo. La intervención en el comedor comunitario también se encuentra atravesada por esta dinámica que imprime lógicas y conceptualizaciones sobre las actividades que sostienen. De esta manera, las transformaciones en la experiencia de la femineidad se vinculan con el reconocimiento e identificación con otras migrantes que comparten problemáticas domésticas, vecinales y organizacionales enlazadas con la experiencia de los "nuevos códigos urbanos" que deben aprender a reconocer y manipular. En definitiva, testimonios como los de Felipa conectan directamente a la militancia con la experiencia del "ser mujer migrante".

3.1. La bolivianidad en la vivencia femenina

— ¿Acá en el movimiento tiene amigas?

— Sí, somos compañeras, primas, cuñadas, tías —decía Felipa durante una jornada de trabajo, luego de que contara que se había perdido en el subte durante una marcha.

— ¿Y quién se sumó primero? ¿Usted o ya había otra?

— La que tiene campera medio verde, que tiene pantalón... La que está golpeando [señala a una de las mujeres que está trabajando]. Ella primero, es de mi primo su mujer. Más atrás que mi [anteriormente] vino, pero nunca yo no sabía ir al movimiento. Ella cuando llegó de Bolivia más atrás, sabía ir ya directamente al movimiento. A mí no me gustaba ir al movimiento, tenía miedo. Ella no tenía miedo y "vamos" me decía. Yo también avisé a mi tía: "vamos" (...) Hay muchos, así conocidos... De un solo lugar, de Cochabamba.

— ¿Las de Cochabamba ya se conocían?

— Sí, conocía... a doña Santusa, la Eliana, doña Elsa, a la Sonia.

— ¿Y de dónde las conocía? ¿Eran vecinas desde Cochabamba?

— Sí, siempre encontramos, a veces... Siempre encontramos en feria... Cerquita vivimos. En Cochabamba [la feria es] miércoles, sábado. Todos los días hay, pero feria grande lo que vamos nosotros el día miércoles, día sábado nomás (...) Y nos reencontramos, aquí, en el movimiento y vive ahí, de mi casa ahisito nomás: la Santusa, mi cuñada también al lado mío vive, la Sonia ahí también vive, todo este barrio, casi todas.

La experiencia de la amistad que resulta relevante en las transformaciones de las concepciones de género de estas mujeres aparece inescindiblemente asociada a la vida previa a la migración. Hacia el interior de la organización, en el cotidiano de sus actividades, una trama social y simbólica que se remonta a Tarata u otras localidades del país andino se reactualiza y adquiere mayor consistencia. La vida en la organización se integra en un sistema de sociabilidad que atraviesa al barrio y que, en muchos casos, resulta la continuación de experiencias transcurridas en Bolivia.

Aquí "ser boliviana" no es un calificativo que supone la posesión de atributos contenidos en un compendio de características nacionales. Si se les pregunta explícitamente, estas mujeres pueden listar un decálogo de "tips" de lo que una boliviana es o debería ser (o dejar de ser). Pero no son estas cualidades las que resultan relevantes en este caso. Por el contrario, la *bolivianidad* aquí aparece como un marco de referencia que explica algunos riesgos a los que expone la práctica política de asistir a manifestaciones en ciudades poco conocidas, como la posibilidad de perderse en el subte; también alude a situaciones compartidas que quedaron en el pasado, como las visitas a la feria. Pero, fundamentalmente, la *bolivianidad* señala una complicidad (y una "confianza") que se nutre de la certeza de estar compartiendo una vivencia particular, una vivencia que no comparten otras mujeres no-migrantes y/o no-bolivianas.

En una visita a las huertas, antes de que comenzáramos a trabajar, mientras charlábamos en una ronda informal con las integrantes de la cuadrilla que habían llegado y aguardábamos a las restantes para iniciar la jornada, una mujer nos dijo que no tenía ningún problema en conversar con nosotros, pero nos aclaró que ella no era boliviana sino que provenía de la localidad salteña de Orán (luego supimos que era la única del grupo que no había nacido en territorio boliviano). Asumimos que el comentario se vinculaba con la explicitación de nuestro interés en la migración desde Bolivia, que habíamos realizado en nuestros primeros acercamientos al comedor. Por su parte, sus compañeras empezaron inmediatamente a reírse y a burlarse de ella diciendo "se hace la que no es boliviana" y "si estás acá sos tan boliviana como nosotras".

La reacción parecería señalar que, en la concepción de este grupo, haber nacido en Orán y no en Tarata o en Sucre le daba una condición diferente a la de la mayoría, una condición "mejor". Estas mujeres entendían que su compañera estaba intentando desmarcarse de la *bolivianidad* y concebían este movimiento como una "fuga". La reacción, entonces, intentaba neutralizar humorísticamente el desplazamiento, ligando la categoría identitaria con la vivencia. Al afirmar que se es boliviana porque se está allí cotidianamente, quienes componen este grupo establecían una conexión explícita entre *bolivianidad* y experiencia diaria[4]. En este sentido, la identidad boliviana aparece como una dimensión ineludible en la reformulación de la identidad femenina que desarrollan las mujeres que participan de la organización de Altos de San Lorenzo.

De modo análogo, el nacionalismo afectivo que reconocimos en el capítulo 2 se manifiesta generizado, emerge en (y de) la conversación entre mujeres, es caracterizado como un modo de hablar de la confianza en los vínculos personales. Geertz señaló que el nacionalismo puede ser entendido como un sistema de recursos simbólicos, de expedientes culturales utilizados en un proceso de autodefinición colectiva (2005: 17). En este sentido, en Altos de San Lorenzo la *bolivianidad* que identificamos se presenta como una forma de dar sentido a la particular experiencia migratoria de estas mujeres. Su adscripción nacional no se constituye (o lo hace de modo secundario) por medio de referencias a "tradiciones", festividades, figuras políticas o eventos deportivos. Sino que tiene lugar en los encuentros entre amigas, parientes y vecinas, se trama en la construcción de complicidades y preocupaciones comunes que simultáneamente a la producción de esta posición impactan en sus modos de vivir su condición de género.

Sin embargo, este proceso de fortalecimiento de las identidades femeninas que tiene lugar en el comedor no está exento de tensiones. Diversas situaciones evidencian conflictos entre los comportamientos esperados por los/as "militantes" en las activi-

---

4. De modo implícito la "bolivianidad" también aparece en el testimonio inescindiblemente asociado a la condición de clase.

dades del movimiento y las lógicas de interacción que adquieren los grupos de migrantes bolivianas que lo integran.

4. Tensiones con el movimiento

En numerosas oportunidades asistimos a asambleas que atravesaron momentos de tensión. Las notas que tomamos durante una de ellas, ocurrida en el invierno de 2011, nos permiten graficar algunos conflictos generados entre los/as "militantes" y algunas migrantes.

Aquella tarde eran aproximadamente cuarenta y cinco personas, en su amplia mayoría mujeres. Casi todas ellas, dispuestas en una especie de ronda, participaban sentadas en banquetas, troncos, unas pocas sillas o en ladrillos huecos quitados de un galpón en construcción. Algunos/as –los únicos cuatro varones presentes y cuatro o cinco mujeres– miraban parados en una segunda fila o apoyados contra las paredes que circunscriben el lugar donde ocurren estas reuniones: la de la cocina del comedor y, paralela, la medianera que separa este espacio de la casa vecina.

Como siempre, las migrantes bolivianas eran multitud. La presencia argentina se limitaba a los cuatro asambleístas varones y a dos mujeres "militantes" de la Mesa Regional de la organización. Si bien el tono de la asamblea era enérgico, la palabra circulaba únicamente entre las mujeres argentinas y dos de las bolivianas. El tópico común era un reproche generalizado: durante la última manifestación desarrollada frente a la Municipalidad de La Plata, varias manifestantes habían abandonado la protesta para ir a mirar vidrieras a un paseo comercial que inicia su recorrido a unos metros de la intendencia.

Protagonizaba la escena Mariana, que sentada en una pequeña banqueta continuaba su reto:

> Lo hemos charlado muchas veces compañeras, si baja Rodríguez[5] y nosotros estamos paseando por el centro o haciendo un picnic a la sombra, no nos va a dar pelota.

Dos metros a la izquierda de Mariana, Rosa escuchaba concluir a su "compañera". Recién entonces, como venía ocurriendo en los últimos meses, se animó a increpar a sus connacionales:

---

5. Mariana mencionaba al funcionario municipal que realiza las negociaciones con los "movimientos piqueteros". Como en los casos anteriores, hemos cambiado los nombres reales.

— Tenemos que llegar a entender, no podemos pasear durante el piquete.

— Es importante mostrar una actitud confrontativa compañeras–retomaba Mariana. Imagínense lo que piensa el intendente cuando mira por la ventana y nos ve a todas desparramadas.

Aquella no fue la primera vez que se daba este tipo de cuestionamientos. La importancia de "mantenerse cerca de la bandera" durante las protestas es enunciada por los/as "militantes" periódicamente. A su vez, una práctica habitual que realizan las mujeres bolivianas de Altos de San Lorenzo en las manifestaciones también despierta quejas: muchas veces, cuando el sol del mediodía arrecia, van en grupos bajo un árbol extendiendo sus aguayos en el piso para sentarse a descansar a la sombra. De esta manera, se genera una de las imágenes impugnadas por Mariana: la de un picnic en medio de la "jornada de lucha piquetera".

A la luz de lo expuesto anteriormente encontramos que los "paseos" por un centro comercial o los picnics a la sombra se desarrollan en un contexto de sentido relativamente autónomo de la modalidad de intervención que promueven los/as "militantes", caracterizada con el término "lucha". Se inscriben en una esfera de relaciones femeninas enlazada a la organización (que multiplica cuantitativamente su potencial), pero que, al mismo tiempo, mantiene sus propias lógicas generando divergencias como la mencionada. Así, del mismo modo en que las jornadas laborales operan como ámbitos propicios para el encuentro con amigas, espacios de fortalecimiento y ampliación de las redes de parentesco, paisanaje y vecindad, las manifestaciones también son apropiadas como contextos de sociabilidad de estos pequeños núcleos de pertenencia.

La propia participación de las migrantes bolivianas en la organización genera procesos de interacción que, al menos indirectamente, se desvían de los criterios definidos por quienes conducen el movimiento y el comedor. Desde este punto de vista, los pequeños núcleos de pertenencia que se fortalecen en el comedor se manifiestan como esferas de identificación que emergen y/o se continúan en la propia experiencia de participación. Las amistades, en síntesis, cuando autonomizan su funcionamiento de la lógica que los/as "militantes" intentan imprimirles a las situaciones de "lucha", introducen tensiones.

5. Los grupos de mujeres migrantes en los procesos de "incorporación"

La pregunta por los "modos de "incorporación migrante" apunta a reconocer los dominios institucionales que participan en la conformación de campos sociales a través de los cuales los sujetos acceden a diferentes tipos de recursos. Glick Schiller *et. al.*, consideran que "la participación de individuos en redes personales u organizacionales que los ubican en campos sociales que los proveen de la capacidad de manejar recursos escasos, es un indicador de incorporación" (Glick Schiller *et al.*, 2006: 614).

En este sentido, así como reconocimos en la participación en el comedor comunitario un mecanismo de incorporación que posibilita el acceso a los dispositivos de la política social estatal a partir de desarrollar diversos procesos de "enclasamiento", también encontramos que las dinámicas de socialización que movilizan las mujeres de Altos de San Lorenzo –marcadas por la pertenencia a colectivos en los cuales la "feminidad" y la *bolivianidad* aparecen como dimensiones fundamentales– resultan un aspecto ineludible del devenir de su proceso. Es decir, la conexión con instituciones reconocidas por el Estado argentino que se encargan de garantizar diferentes derechos se constituye de modo relacionado y simultáneo a la participación en redes de mujeres bolivianas.

Entonces, junto con Raymond Williams, consideramos a estos grupos como una activa sustancia social y cultural de sus "senderos de incorporación" (Glick Schiller *et al.*, 2006: 614). Y, en la medida en que reconocemos que las mismas son agrupamientos que no pueden "ser plenamente identificados con las instituciones formales o con sus significados y valores formales, y que a veces pueden ser positivamente opuestos a ellas" (Williams, 2009: 164), se nos presentan como una "formación" relevante en estos procesos.

El comedor, así, no sólo facilita la "incorporación" institucionalmente entendida, sino que también fortalece la "incorporación" a estas redes que mantienen relaciones complejas con la primera. De esta manera, los procesos de *bolivianización* y *desbolivianización* de la experiencia que relevamos no admiten formulaciones sencillas acerca de los modelos de interacción social que caracterizan los contextos de recepción en los que se inscriben los/as migrantes.

En su recuperación crítica de aspectos del pensamiento de Jürgen Habermas, Nancy Fraser recuerda que la historiografía revisionista norteamericana dio cuenta de que, simultáneamente al desarrollo de lo que el autor alemán caracterizó como "esfera pública burguesa", se crearon espacios paralelos y alternativos a través de los cuales sujetos marginados del sufragio y de los ámbitos de discusión de élite lograban acceder a la vida pública. Las sociedades femeninas filantrópicas y de reforma moral y las iglesias negras son ejemplos de que "prácticamente al mismo tiempo que el público burgués, surgió un ejército de contrapúblicos, entre ellos públicos nacionalistas, públicos populares campesinos, públicos de mujeres de élite, públicos negros y públicos proletarios" (Fraser, 1997: 105). Así, la autora destaca la existencia de diferentes "públicos" en competencia.

Entonces, encontramos que las relaciones de mujeres bolivianas también convierten a los lugares de trabajo y de participación en espacios contrapúblicos respecto a esferas que se les presentan, en diferentes situaciones, como excluyentes o insatisfactorias: los espacios públicos y políticos donde se sienten discriminadas, los ámbitos regulados por los/as "militantes" y sus propios hogares. En sus encuentros con "amigas", "paisanas" y "compañeras", las migrantes de Altos de San Lorenzo desarrollan estilos, sentidos y formas de comportamiento que no siempre se corresponden con los que les asignan diferentes agentes que conforman sus contextos de intervención. En este sentido, el proceso de "incorporación" no sólo supone el ingreso a sistemas de relaciones y significados preinstituidos, sino también la intervención sobre tales sistemas e incluso la generación de espacios asociados pero con características específicas.

Así, como señalara Bhabha, "es en la emergencia de los intersticios (el solapamiento y el desplazamiento de los dominios de la diferencia) donde se negocian las experiencias intersubjetivas y colectivas de nacionalidad, interés comunitario o valor cultural" (Bhabha, 2011: 18). En esas rearticulaciones posicionales, en síntesis, las mujeres del comedor comunitario participan de una "incorporación" desarrollada desde espacios "entre-medio".

Conclusiones

— 1—

C omo mencionamos previamente, el análisis de la conformación de campos sociales es clave en la pregunta por los
"modos de incorporación migrante" (Glick Schiller *et al.*,
2006). Vimos que en el caso de Altos de San Lorenzo los
lazos étnico-nacionales operan como vías de conexión con espacios de asentamiento, vivienda y diferentes oportunidades laborales. Como se observa en los relatos de nuestras entrevistadas, el
conjunto de redes que se articulan en este barrio forman parte de
un campo relacional mayor que integra a personas procedentes
de diferentes áreas de Bolivia, establecidas en distintas zonas del
país, principalmente en los partidos de La Plata, Capital Federal
y algunas localidades de la zona sur del conurbano bonaerense.
El análisis de la serie de procesos sociales, políticos, económicos
y culturales que favorecen la consolidación de este circuito complejo y abierto de interconexiones trasciende las posibilidades
de la presente investigación. Sin embargo, podemos reconocer
el funcionamiento específico de ciertos aspectos dentro de este
sistema de nexos mayor.

En primer lugar, observamos que la pertenencia étnico-nacional no es una posición a partir de la cual desarrollan estrategias
de vinculación con las instituciones y actores que promueven
en la sociedad de destino recursos destinados a garantizar los
derechos económicos y sociales. Por el contrario, en diversas
entrevistas se evidencia la percepción de que esta adscripción
motivaría actitudes discriminatorias de parte de los/as funcio-
narios/as encargados/as de tramitar sus solicitudes.

La reconstrucción de las expectativas desfavorables respecto
a las identificaciones étnico-nacionales reenvía a situaciones de
discriminación cotidianas, que van definiendo la experimentación
de la diferencia como desigualdad. Si seguimos sus testimonios las
actitudes discriminatorias de jóvenes habitantes de Altos de San
Lorenzo que dirigirían sus prácticas delictivas con especial énfasis
a los/as migrantes bolivianos/as resultan de suma relevancia para
desestimar el valor político de esta identificación en las relaciones institucionales referidas. También intentos de conformación
de organizaciones "de bolivianos/as" que no lograron generar las
respuestas institucionales esperadas contribuyen al escepticismo
respecto al valor político de esta identificación.

Estas mujeres encuentran en su origen nacional una fuen-
te de conflictos con diferentes agentes de la sociedad de destino. En este sentido, a diferencia de lo descripto por diversos especialistas en la temática (Grimson, 1999, Caggiano, 2005), las
migrantes del comedor no emprenden estrategias tendientes a
revertir la valoración negativa de la *bolivianidad*. Inclusive, en
determinadas situaciones, realizan desplazamientos tendientes
a disimular su pasado migratorio buscando presentarse como
"un/a argentino/a más".

Ahora bien, como expusimos a lo largo del trabajo, estas constataciones no deben llevarnos a caracterizar las identificaciones
"bolivianas" como un estigma rechazado. Diversos materiales manifiestan la recreación de esta adscripción en diferentes prácticas.
No sólo por medio de la realización de fiestas y bailes "tradicionales" sino también a través de la valoración de ciertos espacios
como espacios "de paisanos/as", que permiten un reconocimiento operativo en los vínculos personales. La *bolivianidad*, entonces, es configurada en distintos procesos de interacción que se
constituyen enfatizando la reciprocidad y la cercanía afectiva
entre sus participantes. En los testimonios queda claro que "entre paisanos/as" se abordan con mayor facilidad los miedos y
las incertidumbres que desencadena la necesidad de aprender
"nuevos códigos urbanos", se genera una dinámica de confianza
y relajación que permite instancias de ocio y diversión que no
se replican en ambientes interculturales, se establece un tipo de
vivencia particular que se vincula con la experiencia compartida
de la migración y la adaptación al nuevo contexto.

Desde esta perspectiva, la *bolivianidad* se articula en la trama
de sociabilidad que direcciona las posibilidades de acceso de los/

as migrantes a espacios de asentamiento y vivienda y a diferentes oportunidades laborales. La articulación de las pertenencias que allí se moviliza se desarrolla, en buena medida, asentada sobre procesos interactivos que tienen a las zonas habitacionales, la vivienda, el trabajo y/o a las lógicas de socialización y los códigos urbanos como temáticas de referencia. En este sentido, la *bolivianidad* que se recrea está profundamente atravesada por la experiencia migratoria y las dificultades que en la misma se presentan. La producción de una *(neo)nacionalidad* en el contexto de recepción, entonces, se manifiesta profundamente imbricada con las vivencias de las personas. La experiencia de la "comunidad imaginada", así, aparece como heterotopía (Chatterjee, 2007).

— 2 —

Si bien nuestras indagaciones se circunscribieron al comedor comunitario, al barrio en el que se asienta y a algunas de las actividades que realizan las migrantes bolivianas que allí asisten, en el transcurso de la investigación otros espacios –en un principio no reconocidos como vinculados al "campo"– también se manifestaron conectados a las prácticas que guiaban nuestro interés en Altos de San Lorenzo. Así, notamos que la multiplicidad de organizaciones políticas que allí se asientan habilita la circulación en el barrio de sujetos con diversas trayectorias. Desde esta perspectiva, los locales de las agrupaciones se comprenden como nodos o espacios de encuentro de las personas que viven en Altos de San Lorenzo con algunos de estos sujetos.

En primer lugar, el contacto con personas nacidas en la Argentina, blancas, con cierto capital educativo y con una trayectoria laboral y "militante" en algunos casos relativamente amplia posibilita, a partir de la lógica relacional que se define en la organización, lo que algunas mujeres bolivianas denominan los "aprendizajes" que genera la participación. El entramado de políticas sociales y sus modos de funcionamiento y distribución, las estrategias de presión y negociación para acceder a ellos, los discursos que revalorizan las acciones de "lucha" y demás actividades del movimiento son algunos de los saberes que se les presentan a estas mujeres vinculados a sus prácticas en el movimiento. A su vez, las diversas labores que desarrollan y los roles que ocupan habilitan conocimientos específicos y producen ciertos reconocimientos de parte de sus "compañeras" que también resultan mediados por la presencia de "militantes" de la organización.

Estos intercambios enmarcan una autovaloración de las migrantes caracterizada como un "orgullo" que experimentan a partir de lo que son y hacen. En este sentido, las actividades cotidianas realizadas en la organización son inscriptas en un marco de significados que las jerarquiza conectándolas con discursos históricos y políticos relativos al rol de la clase trabajadora y los sectores populares en el país. Asimismo, el encuentro con "compañeros/as de base" de otros comedores y organizaciones también resulta relevante para comprender el impacto de la participación en las vivencias de estas mujeres. Por tener trayectorias y prácticas diferentes –en palabras de Alejandra, ser integrantes de "otras culturas"– y compartir un conjunto de experiencias comunes semantizadas como "clasistas", los/as integrantes del movimiento son agentes relevantes en la identificación como "trabajadoras desocupadas" de las migrantes de Altos de San Lorenzo. De esta manera, en el comedor comunitario, entendido como nudo relacional que articula experiencias y trayectorias diversas, se producen los procesos de "enclasamiento" que destacamos en el desarrollo de este trabajo.

En segundo lugar, es importante reconocer que su configuración como una esfera de interacción entre sujetos de procedencias diversas no sólo repercute desde el punto de vista de las adscripciones que asumen las migrantes, sino que el sentido que le otorgan a sus posicionamientos también se ve modelado en estos juegos relacionales. Los modos de vivenciar la condición femenina, por citar un aspecto analizado previamente, encuentran en los múltiples intercambios que se desarrollan en la organización un espacio de recreación. En la medida en que se realizan prácticas novedosas y se las comparte con diferentes personas, ser mujer adquiere valoraciones que tensan las relaciones de género que entablan en sus hogares y transforma sus propias expectativas.

Parte fundamental de este proceso es la generación o fortalecimiento de ámbitos de sociabilidad entre las propias migrantes, donde las mujeres ponen en común vivencias y experimentan juntas el proceso de tomar parte de diferentes actividades de las organizaciones e instituciones de destino. En este sentido, el comedor se entrelaza en las redes de migrantes de la zona generando una inflexión de género sobre su desarrollo. Así, las cadenas de relaciones que confluyen (y se consolidan o amplían) en el espacio operan inclusive contrarrestando algunas dinámicas sociales que tienden al aislamiento de las migrantes y a la consecuente descapitalización de lazos que retrae su posición en las disputas domésticas, como lo señalara Jorge Balán (1990).

Desde el punto de vista de su estructuración jerárquica las configuraciones relacionales que se constituyen en el comedor manifiestan, al menos, un principio regulador implícito: el manejo de ciertos registros discursivos. Las diversas trayectorias y pertenencias de las personas que confluyen en el espacio se valoran en la distribución de los roles, atendiendo al diferente uso y comprensión de la palabra, lo que organiza desigualmente los lugares en la organización. En este sentido, una de las características de los/as "militantes" que los/as sitúa en instancias clave de la toma de decisiones es su capacidad para emplazar en la discursividad política las actividades que desarrolla el movimiento y diferentes aspectos de la vida de quienes lo integran. Estas habilidades no se restringen exclusivamente a la manipulación del lenguaje, sino que también implican la capacidad de administración de los dispositivos institucionales a través de los cuales se tramitan los pedidos y peticiones del colectivo.

Este principio también se reproduce en la asignación de roles de las mujeres bolivianas. Vimos que algunas de ellas se desempeñaban como delegadas del comedor y/o de sus grupos de trabajo en otros ámbitos de la organización mientras que la mayoría de las integrantes no podía cumplir esta función por tener dificultades en el uso de la escritura. Falencias en el manejo de distintas "tecnologías del intelecto" (Goody, 1985), como listas o tablas de calcular, también relegaban de ciertas labores clave –como "porcentaje" o "administración"– a la mayoría de las migrantes. En sintonía, en las asambleas y discusiones colectivas –salvo la excepción de aquellas en las que se trataba la distribución de nuevos cupos en los planes y programas de la política social estatal– sólo unas pocas mujeres bolivianas participan activamente, mientras que sus compañeras afirman que lo hacen sólo quienes "tienen más palabra".

En esta estructuración jerárquica de las personas y los roles dos clivajes aparecen como fundamentales. Por un lado, las trayectorias por el espacio social, que condicionan la acumulación de los capitales considerados legítimos en la organización. Por el otro, fundamentalmente entre las migrantes, la edad o momento biográfico de arribo a la Argentina que marca las posibilidades de tránsito por las instituciones educativas locales.

Ahora bien, es importante destacar que estas lógicas relacionales no están regidas exclusivamente por los parámetros que establecen los/as "militantes". Como agentes en estas esferas las mujeres del comedor son también protagonistas en la definición de las modalidades de los intercambios que organizan la vida del comedor.

Vimos que entre los/as "militantes" circulan algunas representaciones acerca de las "compañeras bolivianas" que orientan la elección de determinadas acciones. Las interpretaciones sobre las "tradiciones culturales bolivianas" de las mujeres de Altos de San Lorenzo, que les atribuyen aptitudes heredadas para la "lucha" o posiciones subordinadas en sus relaciones de género en el ámbito doméstico, circunscriben el contexto a partir del cual evalúan las actividades y estrategias que proponen para llevar adelante en el comedor. Por otro lado, en algunos pasajes del presente trabajo también observamos que los vínculos fortalecidos por las migrantes en ciertas ocasiones derivan en comportamientos que contradicen las expectativas de los/as "militantes", incorporando en el desarrollo de ciertas acciones de la organización prácticas diferentes a las promovidas por aquellos/as. En el capítulo 4 describimos una situación que permite visibilizar estas tensiones: durante las jornadas de protesta, muchas de las mujeres bolivianas se apropian de la escena otorgándole una serie de sentidos diferentes a los promovidos por quienes ocupan los lugares centrales en el colectivo. Mientras que los/as "militantes" se centran en el aspecto conflictivo de la situación, demandando a los/as participantes que adopten actitudes confrontativas, en ciertas oportunidades algunas migrantes privilegian estos contextos como oportunidades de socialización en el marco de relaciones femeninas de amistad y paisanaje. Estas diferencias en los modos de asumir ciertas situaciones evidencian el lugar activo de las mujeres bolivianas en la definición de las prácticas y sentidos que se constituyen en el comedor.

Estas menciones dan cuenta de que no sólo los aspectos y vínculos "formales" de la organización son relevantes en la conformación de las experiencias que en ella desarrollan las participantes. Los lazos que se crean o reproducen en muchos casos adquieren lógicas que no se circunscriben a lo meramente organizacional, sino que se desarrollan como relaciones con cierta autonomía, relacionadas de diferentes modos a la pertenencia al movimiento.

En este sentido, no sólo los vínculos entre migrantes adoptan esta modalidad. Algunas dimensiones del "compañerismo" entre algunas mujeres bolivianas y ciertas "militantes" también son concebidas como emergentes de la relación personal que se construye a partir de la presencia cotidiana común en el comedor. Inclusive, en este espacio tienen lugar gestos de solidaridad que señalan que el capital social al que acceden las migrantes por su participación en el colectivo no se limita a las acciones manifiestas del movimiento, sino que también supone el acceso a personas que prestan algunos favores que facilitan la resolución de ciertas dificultades. Asistencia en el uso de cajeros automáticos, en la realización de giros de remesas en instituciones bancarias y en la tramitación de beneficios en los organismos de previsión social, así como la socialización de información para abordar problemáticas sanitarias son sólo algunos ejemplos.

— 3 —

Clase, género y nacionalidad aparecen como dimensiones que se articulan de modo muy dinámico en los procesos de "incorporación" descriptos. Ser "trabajadora desocupada", ser "mujer" y ser "migrante boliviana" adquiere para nuestras entrevistadas sentidos variables en función de las situaciones que atraviesan.

En este sentido, mientras que la adscripción étnico-nacional es objeto de presiones discriminatorias que limitan su operatividad en los contextos institucionales interculturales, la misma es valorada positivamente en las tramas de sociabilidad que construyen los/as migrantes bolivianos/as asentados/as en Altos de San Lorenzo y otras zonas de la ciudad y la región. En el caso particular de las mujeres del comedor comunitario, esta valoración se vincula con la posibilidad de compartir con otros/as las dificultades y temores que moviliza la experiencia migratoria. Los espacios de encuentro "entre paisanos/as" que se desarrollan en el barrio configuran de este modo ámbitos en los cuales se recrea la *bolivianidad* ligándola con una serie de problemáticas cotidianas que incluyen desde la discriminación hasta el funcionamiento de las máquinas expendedoras de boletos en los ómnibus del transporte público urbano.

En diferentes pasajes de este trabajo señalamos que la participación en la organización también adquiere en determinadas circunstancias la connotación de instancia de encuentro entre "bolivianas". A su vez, en la medida en que esos mismos espacios son concebidos como "femeninos", la *bolivianidad* que allí se configura se entreteje con prácticas y discursos que tienen al género como referencia semántica ineludible. La vivencia de la condición migrante se intersecta con la experiencia de la feminidad, conformando núcleos de problemáticas comunes que repercuten en ambas dimensiones.

Dilucidar aspectos relativos al "género" y a la "nacionalidad" para luego identificar sus vasos comunicantes podría facilitar nuestro trabajo argumentativo. En este sentido, las visitas a la Feria de La Salada o las conversaciones relativas a los establecimientos educativos a los que asisten sus hijos podrían aparecer *a priori* como emergentes de una sociabilidad femenina: las mujeres construyen sus vínculos a partir de compartir cuestiones asumidas por medio de la división de género del trabajo doméstico. Sin embargo, escindir analíticamente del *continuum* de la vida sus diferentes elementos como en una descomposición química podría producir una fragmentación del devenir de las personas. Así, perderíamos de vista que los viajes de compras son en algunos casos la continuación en este nuevo contexto de prácticas compartidas desde la vida en Cochabamba o que las estrategias para que los/as niños/as puedan sortear las prácticas discriminatorias –entre las cuales se encuentra la elección de la institución escolar a la que asisten– son una preocupación común.

Género y nacionalidad son clivajes de reconocimiento que se desarrollan imbricadamente en los grupos de mujeres que constituyen el comedor. Las amistades que allí se forman y/o continúan y potencian son percibidas como amistades de "mujeres bolivianas" en las cuales se recrean y se fortalecen estas identificaciones. Entonces, situar la mirada en las prácticas cotidianas permite visibilizar que algunos aspectos de la "incorporación" que destacamos en este trabajo, como la discusión de los roles de género en el ámbito doméstico o la experimentación de la *bolivianidad* en el marco de las relaciones personales, tienen lugar retroalimentándose, emergiendo como dimensiones de un mismo proceso vital que se sitúa tanto en el hogar y en el barrio como en el comedor comunitario y la organización.

En sintonía, también vimos que las tensiones que las migrantes introducen en sus hogares al cuestionar la división sexual del trabajo tienen (en la forma específica que adoptan) a la experiencia de "clase" que promueve la participación en el comedor como una de sus condiciones de posibilidad. La pertenencia a la "clase", que aparece inescindiblemente conectada con la participación política, articulándose en torno a la posición de "trabajadoras desocupadas", permite otorgarle una serie de sentidos a la cotidianeidad que son recuperados en las discusiones domésticas. Dijimos que las apropiaciones de los discursos de la organización que dan trascendencia social y política a sus actividades diarias forman parte de los procesos de empoderamiento a partir de los cuales las mujeres de Altos de San Lorenzo se enfrentan con sus parejas para garantizar y legitimar las "salidas del hogar" que demanda la participación. En este sentido, la experiencia de "clase" y la redefinición de las lógicas de organización doméstica que transforman el sentido de la feminidad aparecen como aspectos de un proceso de fortalecimiento de autoestima personal.

Al mismo tiempo, encontramos que su identificación como "trabajadoras desocupadas" también se vincula con la construcción de vínculos. En algunos casos se trata de nuevas relaciones que se conforman en los grupos de trabajo integrados junto con mujeres de diferentes barrios y organizaciones, mientras que en otros estos vínculos son la continuación de lazos establecidos previamente. Lo que nos interesa remarcar es que estas relaciones ocupan un lugar de relevancia en la adscripción a la "clase" y que en las mismas se enfatiza las virtudes del intercambio entre mujeres.

Así como destacamos que los grupos se perciben como espacios de "mujeres" y, en ciertos casos, de "mujeres bolivianas", algunos testimonios permiten reconocer que, en contextos específicos, son caracterizados como "grupos de compañeras". De esta manera, el mismo conjunto de relaciones es semantizado articulando de modo variable diferentes dimensiones de la pertenencia.

En síntesis, clase, género y nacionalidad se presentan enredados en las prácticas y discursos de las migrantes de Altos de San Lorenzo. Así como la construcción de sus sentidos específicos les demanda a las mujeres un ejercicio de interrelación simbólica de la experiencia con diferentes procesos e instituciones, conectando la vida en el hogar, el barrio y la organización con las redes de significados que dan concreción a las categorías que articulan estas dimensiones, estos ejercicios se realizan a partir de una dinámica de encuentros y relaciones comunes. Con el mismo barro de la vivencia compartida en espacios como el comedor comunitario se modelan diferentes aspectos del propio ser, entre los cuales emergen las dimensiones trabajadas. Estas dimensiones, entonces, no sólo se conectan y articulan situacionalmente, sino que se constituyen entrelazadas emergiendo en el "entre-medio" que conforman diariamente.

— 4 —

La fluidez e interpenetración de la clase, el género y la nacionalidad que describimos no implica descartar los procesos y agentes que cristalizan y definen posiciones y reconocimientos legítimos en los diferentes contextos. Presiones de diverso tipo le imprimen sentidos a las acciones estableciendo cauces posibles a su desarrollo y delimitando marcos de interpretación particulares para sus agentes. El emplazamiento en determinadas identidades sociales, como afirma Hall, posiciona a los sujetos en una relación particular con la descripción del proceso social (Hall, 2010: 147).

"Trabajadora desocupada" es un concepto novedoso para pensar la propia identidad en la trayectoria de las migrantes de Altos de San Lorenzo. En todos los casos aparece durante su vida en Argentina, luego de la integración a un movimiento que busca representar –y constituir (Bourdieu, 1990)– a esta categoría de personas. El comedor comunitario se inscribe en este conjunto de espacios e instituciones que participan de la definición de una posición de sujeto forjada en la historia reciente en las tensiones entre demandas sociales y políticas estatales.

En Altos de San Lorenzo la elevada densidad de movimientos establece un contexto de circulación muy fluido de nociones y actividades que tributan a la construcción discursiva de la conflictividad social, señalando a muchos/as habitantes del barrio como "trabajadores/as desocupados/as" victimizados por el "sistema", convocándolos/as a una "lucha" reparadora de las injusticias. A su vez, estas elaboraciones no son sólo propagaciones ideológicas que buscan conmover el sentido común dominante. Las mismas apuntan a legitimar los reclamos que emprenden las organizaciones y a otorgarle un sentido específico a los recursos que consiguen. De esta manera, los movimientos posibilitan a los habitantes del barrio ingresar en interfaces de negociación con agencias públicas que se articulan en torno al sujeto "desocupado/a", a partir de las cuales se incrementan las posibilidades de volverse beneficiario/a de un programa de política social.

Los posicionamientos de las migrantes establecen diferentes vinculaciones con la particular configuración de la "clase" que desarrolla este tipo de organizaciones. A lo largo de este trabajo presentamos apropiaciones diversas, conexiones con otras adscripciones e, incluso, instancias y espacios en los cuales esta identificación queda relegada a un segundo plano. Sin embargo, la multiplicidad de modalidades que asume esta posición entre las mujeres de Altos de San Lorenzo mantiene como marco de referencia común a los dispositivos de política social y los movimientos de "trabajadores/as desocupados/as" que se asientan en el barrio. Como afirmaba Bourdieu en su polémica sobre la "génesis de las clases", "la representación de las identidades debe sus características específicas a la historia particular de un campo político y de un Estado particulares" (Bourdieu, 1990: 47).

Por otro lado, la *bolivianidad* también es objeto de presiones que buscan definir un sentido y un universo de aplicación para esta categoría. Distintos autores (Grimson, 1999; Gavazzo, 2004; Giorgis, 2004; Caggiano, 2005) han destacado que en el contexto de recepción un conjunto diverso de agentes –que incluye instituciones, organizaciones y activistas estatales y civiles de Bolivia y Argentina– disputan el significado de "lo boliviano" tensionando las posibilidades de adscripción para los/as migrantes de aquel país. En nuestro trabajo, variados testimonios manifiestan un reconocimiento negativo como "bolivianos/as" de las mujeres del comedor y sus familiares por parte de funcionarios de instituciones públicas y personas que habitan o transitan por Altos de San Lorenzo. Por otro lado, las festividades como celebraciones patronales o carnavales que movilizan activistas culturales y de las que participan nuestras entrevistadas también tributan a la construcción de un colectivo *nacional*, entendido como "comunidad imaginada" (Anderson, 2007), entre las personas que arriban desde el país vecino. Finalmente, los mecanismos de identificación que ponen en juego los Estados, que desarrollan políticas para inmigrantes y emigrados/as, son asimismo instancias que definen formas de reconocimiento con las cuales las mujeres del comedor –especialmente para la tramitación de sus documentos– interactúan periódicamente. En definitiva, queremos destacar que los sentidos de la *bolivianidad* en Altos de San Lorenzo no son únicamente emergentes espontáneos de las relaciones interpersonales. Si hemos enfatizado la relación entre las redes de sociabilidad entre migrantes y las adscripciones (*neo)nacionales*, resulta fundamental reconocer que en estas interacciones se elaboran sentidos sobre elementos construidos por un abanico amplio de discursos.

La condición femenina no está exenta de estas pujas semánticas. En este caso, encontramos que en diferentes espacios como el hogar, los grupos de trabajo y los talleres y demás actividades del área de género de la organización se buscan definir maneras de "ser mujer" en interacción con las cuales las migrantes constituyen su experiencia.

En definitiva, así como estas dimensiones de la diferencia y la desigualdad se configuran imbricadamente, en distintos espacios se suceden discursos y prácticas que buscan circunscribir las formas de su vivencia y los contextos en los cuales las mismas adquieren protagonismo. En este sentido, se visibiliza la presencia de variadas fuerzas sociales en la configuración de las diversas posiciones de sujeto, a las que buscan asignarles roles y oportunidades particulares en sus diferentes esferas de intervención.

— 5 —

La pregunta por los modos en que los regímenes que organizan las alteridades en los contextos de recepción participan en los procesos de "incorporación migrante" fue una constante más o menos explícita en los diferentes pasajes de este trabajo. Encontramos en los estudios que desde mediados del siglo pasado abordaron la configuración de los sentidos y lógicas dominantes de "lo nacional" –definiendo otredades legítimas e ilegítimas y modos diversos de tramitación de las relaciones interculturales– antecedentes en escala macro de algunos de los interrogantes con los que realizamos nuestras indagaciones en Altos de San Lorenzo.

Numerosos/as académicos/as e intelectuales han reconstruido de distintas maneras la existencia de un "crisol argentino" (entendido como metáfora del ordenamiento de las posiciones y particularidades culturales en el contexto de la nación) que opera –directa o indirectamente– de modo condicionante de las estrategias de construcción de ciudadanía que definen los sujetos.

Indagando las prácticas de las mujeres del comedor observamos la existencia de ciertas identificaciones legítimas para movilizar determinadas demandas, que fueron cristalizadas en complejos procesos históricos. Asimismo, vimos operar mecanismos y lógicas discriminatorias para categorías de sujeto específicas, que les dificultan a las personas realizar algunas acciones adscribiendo –o siendo adscriptas– a las mismas. En este sentido, la posición de "trabajadoras desocupadas" puede ser interpretada como un modo de sortear las restricciones que le impone a la población proveniente de otros países –incluso a contramano de transformaciones legales y políticas ocurridas en la última década– la señalada lógica neutralizante de los particularismos culturales que definiría la "identidad nacional".

Sin embargo, también vimos que en el contexto de recepción esta pertenencia aparentemente desplazada del ámbito político se recrea de diferentes modos. La construcción de esta *bolivianidad* en el contexto barrial se entrama de forma diversa con las dinámicas de participación en la organización, definiendo en muchos casos a lo clasista y lo étnico-nacional como dimensiones de un mismo devenir vital. Si agregamos que la condición de género también es parte fundamental de su experiencia, que se conecta de manera variable con las identidades nacionales y de clase, encontramos que resulta dificultoso y forzado dilucidar el lugar particular que les correspondería a las migrantes del comedor en un esquema fijo de regulación de las alteridades.

Más que posiciones definidas, lo que observamos son desplazamientos y rearticulaciones que las mujeres de Altos de San Lorenzo realizan en un juego amplio de actores que buscan definir muchas veces ambigua y contradictoriamente los límites, alcances y vías de "incorporación" a las que acceden. En este sentido, visto desde la experiencia de este grupo de personas, en lugar de identificar un "crisol" que les definiría sus posibilidades de intervención lo que vemos son marcos dispares en función de la configuración de actores que los constituye.

De esta manera, la caracterización de esta "vía de incorporación" no puede circunscribirse a un tipo de "patrón" particular (Glick Schiller *et al.*, 2006): entendemos que no nos encontramos frente a un "patrón de incorporación" étnico, o de clase, o de género, o político, etc. Los campos sociales que les permiten a las mujeres bolivianas el acceso a diversos tipos de recursos no se desarrollan en alguna de estas esferas de la vida social en particu-

lar o privilegiando sólo una de esas claves de la pertenencia. Por
el contrario, vimos que sus desplazamientos y solapamientos
posicionales conforman espacios que intersectan compleja, ambigua y situacionalmente tales categorías en su vida cotidiana.
Así, esta "vía de incorporación" es política, étnica, de género y
de clase. Vimos aspectos y momentos en los que alguna de estas
dimensiones resulta prioritaria pero, al mismo tiempo, también
vimos la participación de las restantes en los modos específicos
que adquieren sus experiencias en Altos de San Lorenzo.

Ahora bien, es indudable que los procesos descriptos tienen
lugar "desde abajo", en las zonas más desfavorecidas de la estructura social, y que esta posición también orienta los procesos
de "incorporación" formando experiencias migratorias y modos
de participación específicos de los ámbitos de poder (Feldman-
Bianco y Glick Schiller, 2011).

Las lógicas de subordinación que analizamos tienen lugar
por medio de articulaciones que conectan distintos modos de la
diferencia en una particular configuración de desigualdad. Ser
mujer, boliviana, pobre y en muchos casos provenir del campo
no sólo supone modos de constituir vínculos institucionales en
la búsqueda de recursos, sino que también define ubicaciones
desfavorecidas en diversas jerarquías de poder. Así las cosas, la
recreación de las posiciones y los desbalances de poder son los
aspectos principales que caracterizan a esta "vía de incorporación migrante" (Glick Schiller et al., 2006).

BIBLIOGRAFÍA

ABERCROMBIE, Thomas (1992). La fiesta del carnaval postcolonial en Oruro: Clase, etnicidad y nacionalismo en la danza folklórica. *Música y Danzas en los Andes. Revista Andina*, 2, 279-352.

ACUÑA, Carlos, JELIN, Elizabeth y KESSLER, Gabriel (2006). Repensando las relaciones sociales locales. En Acuña, Carlos; Jelin, Elizabeth y Kessler, Gabriel, *Políticas sociales y acción local*. Buenos Aires, IDES.

ALMANDOZ, María Gabriela (1997). Inmigración limítrofe en Tandil: chilenos y bolivianos en los años noventa. *Estudios Migratorios Latinoamericanos*, 12(37), 491-522.

ANDERSON, Benedict (2007). *Comunidades imaginadas. Reflexiones sobre el origen y la difusión del nacionalismo*. México, Fondo de Cultura Económica.

ARCHENTI, Adriana (2003). Interculturalidad, trabajo y migración en el Gran La Plata. Ponencia presentada a las III Jornadas de Sociología de la UNLP, La Plata.

—— (2009). Producciones identitarias y relaciones interculturales en el periurbano platense. *Mundo Agrario*, 9(17), 21-43.

ARCHENTI, Adriana y RINGUELET, Roberto (1997). Mundo de trabajo y mundo de vida: Migración, ocupación e identidaden el ámbito rural. *Papeles de Trabajo*, n° 6, Rosario.

ARCHENTI, Adriana y MORALES, Orlando Gabriel (2009). Interculturalidad en acto: experiencias en investigación y extensión. Segundas Jornadas de Antropología Social del Centro Bonaerense, UNICEN, 10 y 11 de septiembre, Olavarria.

ARIZPE, Lourdes (1987). Prólogo. En Jelin, Elizabeth, *Ciudadanía e identidad: las mujeres en los movimientos sociales latino-americanos*. Ginebra, UNRISD.

ATTADEMO, Silvia (2006). Estrategias y vínculos sociales de las zonas periurbanas de La Plata en los actuales procesos de cambio social. Ponencia en el VII Congreso Argentino de Antropología Social. Universidad Nacional de Salta. Salta.

AUYERO, Javier (1997). *Favores por votos*. Buenos Aires, Losada.

—— (2000). Cultura política, destitución social y clientelismo político en Buenos Aires. Un estudio etnográfico. En Svampa, Maristella (ed.), *Desde abajo. La transformación de las identidades sociales*. Buenos Aires, Biblos.

AUYERO, Javier y GRIMSON, Alejandro (1997). Se dice de mí. Notas sobre convivencias y confusiones entre etnógrafos y periodistas. *Apuntes de investigación del CECYP*, N° 1. Buenos Aires.

BAEZA, Brígida (2011). Migración boliviana en Comodoro Rivadavia (Chubut): asociacionismo y lazos trasnacionales. En Pizarro, Cynthia (coord.), *Migraciones internacionales contemporáneas. Estudios para el debate*. Buenos Aires, CICCUS.

BALÁN, Jorge (1990). La economía doméstica y las diferencias entre los sexos en las migraciones internacionales: un estudio sobre el caso

172

de los bolivianos en la Argentina. *Estudios Migratorios Latinoamericanos*, 15-16, 269-294.

BALLINA, Sebastián; MONKEVICIUS, Paola y MAFFIA, Marta (2004). Tiempos y espacios de la identidad: las asociaciones de inmigrantes extranjeros y sus descendientes. En: Primeras Jornadas del MERCOSUR y Segundas Jornadas Bonaerenses sobre Patrimonio Cultural y Vida Cotidiana, Instituto Cultural de la Provincia de Buenos Aires, La Plata.

BASCH, Linda; GLICK SCHILLER, Nina y SZANTON BLANC, Cristina (1994). *Nations Unbound. Transnational Proyects, Postcolonial Predicaments, and Deterritorialized Nations-States*. Amsterdam, Gordon and Breach Publishers.

BENENCIA, Roberto (1997). De peones a patrones quinteros. Movilidad social de familias bolivianos en la periferia bonaerense. *Estudios Migratorios Latinoamericanos*, 12(35), 63-102.

—— (2000). Colectividades de extranjeros en Neuquén: génesis y trayectorias de sus organizaciones. *Estudios Migratorios Latinoamericanos*, 15(45), 299-336.

—— (2006). Bolivianización de la horticultura en la Argentina. En Grimson, A. y Jelín, E. (comps.), *Migraciones regionales hacia la Argentina. Diferencia, desigualdad y derechos*. Buenos Aires, Prometeo.

—— (2009). La inmigración limítrofe. En Devoto, Fernando, *Historia de la inmigración en la Argentina*. Buenos Aires, Editorial Sudamericana.

—— (2011). Los inmigrantes bolivianos, ¿sujetos de agenda política en la Argentina?. En Feldman-Bianco, B. et al. (comps.), *La construcción social del sujeto migrante en América Latina*. Quito, FLACSO-CLACSO-Universidad Alberto Hurtado.

BENENCIA, Roberto y GAZZOTTI, Alejandro (1995). Migración limítrofe y empleo: precisiones e interrogantes. *Estudios Migratorios Latinoamericanos*, 10(31), 573-612.

BENENCIA, Roberto y KARASIK, Gabriela (1994). Bolivianos en Buenos Aires: aspectos de su integración laboral y cultural. *Estudios Migratorios Latinoamericanos*, 9(27), 261-300.

BHABHA, Homi (2011). *El lugar de la cultura*. Buenos Aires, Ediciones Manantial.

BOURDIEU, Pierre (1990). *Sociología y cultura*. México, Consejo Nacional para la Cultural y las Artes/Grijalbo.

BRIONES, Claudia (comp.) (2008). *Cartografías argentinas*. Buenos Aires, Editorial Antropofagia.

BRETTELL, Caroline y HOLLIFIELD, James (2000). *Migration Theory: Talking across disciplines*. New York, Routledge.

BURT, Ronald (2000). The Network Structure of Social Capital. University of Chicago and European d'Administration d'Affairs (INSEAD).

BUTLER, Judith y SPIVAK, Gayatri (2009). *¿Quién le canta al Estado-Nación?*. Buenos Aires, Paidós.

CACOPARDO, María Cristina (2004). Crisis y mujeres en la Argentina. II Seminario de la Red de estudios de población. Barcelona: Centre d' Estudis Demogràfics.

CAGGIANO, Sergio (2003). Fronteras múltiples: reconfiguración de ejes identitarios en migraciones contemporáneas a la Argentina. *Cuadernos del IDES*, 1, 5-24.

—— (2005). *Lo que no entra en el crisol. Inmigración boliviana, comunicación intercultural y procesos identitarios*. Buenos Aires, Prometeo.

—— (2006). El ambiguo valor de una herencia. Capiral social, inmigrantes y sociedad "receptora". En Acuña, Carlos; Jelin, Elizabeth y Kessler, Gabriel, *Políticas sociales y acción local*. Buenos Aires, IDES.

—— (2011). La cuestión migratoria: reconocimiento de derechos, identidades nacionales y (ausencias de) género. En Jelin, Elizabeth, *Por los derechos. Mujeres y hombres en la acción colectiva*. Buenos Aires, Nueva Trilce Editorial.

—— (2012). Conexôes e entrecruzamentos: configuraçôes culturais e dereitos em um circuito migratório entre La Paz e Buenos Aires. *Mana*, 18, 63-90.

—— (2013). *El sentido común visual. Disputas en torno a género, "raza" y clase en imágenes de circulación pública*. Buenos Aires, Miño y Dávila editores.

CALDEIRA, Teresa (1987). Mujeres, cotidianeidad y política. En Jelin, Elizabeth (comp.), *Ciudadanía e identidad: las mujeres en los movimientos sociales latino-americanos*. Ginebra, Instituto de Investigaciones de las Naciones Unidas para el Desarrollo Social (UNRISD).

CASARAVILLA, Diego (1999). *Los laberintos de la exclusión*. Buenos Aires, Lumen-Humanitas.

CERRUTTI, Marcela (2010). *Salud y migración internacional: mujeres bolivianas en la Argentina*. PNUD. Buenos Aires

CERRUTTI, Marcela y GRIMSON, Alejandro (2003). Buenos Aires, neoliberalismo y después. Cambios socioeconómicos y respuestas populares. En *Cuadernos del IDES* Nº 4. Buenos Aires, Instituto de Desarrollo Económico y Social.

CHATTERJEE, Partha (2007). *La nación en tiempo heterogéneo y otros estudios subalternos*. Buenos Aires, Siglo XXI Editores.

COLEMAN, James (1990). *Foundations of Social Theory*. Cambridge, Mass., Harvard University Press.

COURTIS, Corina y PACECCA, María Inés (2008). Inmigración contemporánea en Argentina: dinámicas y políticas. *Población y Desarrollo*, núm. 84.

COURTIS, Corina y PACECCA, María Inés (2010). Género y trayectoria migratoria: mujeres migrantes y trabajo doméstico en el Área Metropolitana de Buenos Aires. *Papeles de Población*, 16(63), 155-185.

DANDLER, Jorge y MADEIRO, Carmen (1991). Migración temporaria de Cochabamba, Bolivia, a la Argentina: patrones e impacto en las áreas de envío. En Pessar, P. (comp.), *Fronteras permeables*. Buenos Aires, Planeta.

DEVOTO, Fernando (2009). *Historia de la inmigración en la Argentina*. Buenos Aires, Sudamericana.

DIRECCIÓN NACIONAL DE MIGRACIONES (2010). Patria Grande. Programa Nacional de Normalización Documentaria Migratoria. Informe estadístico. En web: [http://www.migraciones.gov.ar/pdf_varios/estadisticas/Patria_Grande.pdf]. Última revisión 25/02/2013.

DODARO, Christian Adrián y VAZQUEZ, Mauro (2008). Grupos migrantes: Representaciones y resistencias. Modos deorganización política y obtención de visibilidad(es). En Alabarces, Pablo y Rodríguez María Graciela (comps.), *Resistencia y mediaciones. Estudios sobre cultura popular*. Buenos Aires, Paidós.

DOMENECH, Eduardo (2004). Etnicidad e inmigración: ¿Hacia nuevos modos de "integración" en el espacio escolar?. En *Astrolabio* Nº 1. Córdoba.

—— (comp.) (2005). *Migraciones contemporáneas y diversidad cultural en la Argentina*. Córdoba, CEA, Universidad Nacional de Córdoba.

—— (2007). Inmigración, estado y educación en Argentina: ¿Hacia nuevas políticas de integración?. Universidad Nacional de Córdoba, Centro de Estudios Avanzados.

El Día (2013). Sigue prófugo el autor del crimen en Altos de San Lorenzo. *El Día*, 1 de abril de 2013. Disponible en: [http://www.eldia.com/nota/2013-4-1-sigue-profugo-el-autor-del-crimen-en-altos-de-san-lorenzo].

FELDMAN-BIANCO, Bela y GLICK SCHILLER, Nina (2011). Una conversación sobre transformaciones de la sociedad, migración trasnacional y trayectorias de vida. *Crítica y Eman-cipación*, 5, 9-42.

FERRAUDI CURTO, Cecilia (2009). Hoy a las 2, cabildo: etnografía en una organización piquetera. En Grimson, Alejandro, Ferraudi Curto, Cecilia y Segura, Ramiro (comps.), *La vida política en los barrios populares de Buenos Aires*. Buenos Aires, Prometeo.

FIGURELLI, Fernanda (2012). *Registros del conflicto. Miradas sobre ocupaciones de tierra en el Nordeste de Brasil*. Buenos Aires, Antropofagia.

FONSECA, Claudia (2005). La clase social y su recusación etnográfica. *Etnografías contemporáneas*, 1(1), 117-138.

FOUCAULT, Michel (1996). *La vida de los hombres infames*. La Plata, Editorial Altamira.

FRASER, Nancy (1997). *Iustitia interrupta. Reflexiones críticas desde la posición "postsocialista"*. Bogotá, Siglo del Hombre Editores.

FREDERIC, Sabina (2009). Trabajo barrial, reconocimiento y desigualdad en Lomas de Zamora, 1990-2005. En Grimson, Alejandro, Ferraudi Curto, Cecilia y Segura, Ramiro (comps.), *La vida política en los barrios populares de Buenos Aires*. Buenos Aires, Prometeo.

FREEMAN, Gary (2006). Factores que hacen y deshacen las políticas migratorias. En Portes, Alejandro y DeWind, Josh (coord.), *Repensando las migraciones: nuevas perspectivas teóricas y empíricas*. Colección América Latina y el Nuevo Orden Mundial. México, Miguel Ángel Porrua, UAZ, Secretaría de Gobernación Instituto Nacional de Migración.

FREUNDLICH DE SEEFELD, Ruth (1985). La integración social de extranjeros en Buenos Aires según sus pautas matrimoniales: ¿Pluralismo cultural o crisol de razas? (1860-1923). *Estudios Migratorios Latinoamericanos*, 1(2), 203-231.

GAVAZZO, Natalia (2004). Identidad boliviana en Buenos Aires: las políticas de integración cultural. *Revista Theomai. Estudios sobre Sociedad, Naturaleza y Desarrollo*, Nº 4.

GERMANI, Gino (1968). *Política y sociedad en una época de transición*. Buenos Aires, Paidós.

GIL ARAUJO, Sandra (2017). Extranjeros en la Nación. Una exploración por los proyectos de ley sobre voto de los extranjeros en las elecciones presidenciales en Argentina (1984-2012). *Revista Temas de Antropología y Migración*, 8, 10-25.

GIORGIS, Marta (2004). *La virgen prestamista. La fiesta de la Virgen de Urkupiña en el boliviano Gran Córdoba*. Buenos Aires, Editorial Antropofagia.

GLICK SCHILLER, Nina, ÇAĞLAR, Ayse y GULDBRANDSEN, Thaddeus (2006). Beyond the ethnic lens: locality, globality, and born-again incorporation. *American Ethnologist*, 33(4), 612-633.

GOFFMAN, Erving (1972). *Internados: Ensayos sobre la situación social de los enfermos mentales*. Buenos Aires, Amorrortu Editores.

GOODY, Jack (1985). *La domesticación del pensamiento salvaje*. Madrid, Akal.

GRANOVETTER, Mark (1973). The Strength of Weak Ties. *American Journal of Sociology*, 78(6), 1360-1380.

GRIMSON, Alejandro (1999). *Relatos de la diferencia y la igualdad. Los bolivianos en Buenos Aires*. Buenos Aires, Eudeba.

—— (2000). La migración boliviana en la Argentina. De la ciudadanía ausente a una mirada regional. En Grimson, Alejandro y Paz Soldán, Edmundo, *Migrantes bolivianos en la Argentina y los Estados Unidos*. Cuadernos de Futuro 7. La Paz, Programa de las Naciones Unidas Para el Desarrollo (PNUD).

—— (2003). La vida política de la etnicidad migrante: hipótesis en transformación. *Estudios Migratorios Latinoamericanos*, 50, 143-158.

—— (2006). Nuevas xenofobias, nuevas políticas étnicas. En Grimson, Alejandro y Jelin, Elizabeth (comps.), *Migraciones regionales hacia la Argentina. Diferencia, desigualdades y derechos.* Buenos Aires, Prometeo.

—— (comp.) (2007). *Pasiones nacionales.* Buenos Aires, Edhasa.

—— (2009). Articulaciones cambiantes de clase y etnicidad: una villa miseria de Buenos Aires. En Grimson, Alejandro, Ferraudi Curto, Cecilia y Segura, Ramiro (comps.), *La vida política en los barrios populares de Buenos Aires.* Buenos Aires, Prometeo.

—— (2011). *Los límites de la cultura. Crítica de las teorías de la identidad.* Buenos Aires, Siglo XXI.

GRIMSON, Alejandro y CAGGIANO, Sergio (2010). Respuestas a un cuestionario: posiciones y situaciones. En Richard, Nelly (ed.), *En torno a los Estudios Culturales. Localidades, trayectorias y disputas.* Santiago de Chile, Editorial Arcis.

GRIMSON, Alejandro y JELIN, Elizabeth (comps.) (2006). *Migraciones regionales hacia la Argentina. Diferencia, desigualdad y derechos.* Buenos Aires, Prometeo.

GUBER, Rosana (2001). *La etnografía. Método, campo y reflexividad.* Buenos Aires, Norma.

HALL, Stuart (2010). *Sin garantías: trayectorias y problémáticas en estudios culturales.* Envión Editores/ Instituto de Estudios Peruanos/Instituto de Estudios Sociales y Culturales Pensar/Universidad Andina Simón Bolívar.

HALPERN, Gerardo (2009). *Etnicidad, inmigración y política.* Buenos Aires, Prometeo.

HINOJOSA GORDONAVA, Alfonso; PÉREZ CAUTIN, Liz y CORTEZ FRANCO, Guido (1999). *Idas y venidas. Campesinos tarijeños en el norte argentino.* La Paz, PIEB.

HONDAGNEU-SOTELO, Pierrette (2011). Estudios de género y migración: una revisión desde la perspectiva del siglo XXI. *Migraciones Internacionales,* 6(1), 219-233.

INEB (2001). Departamento de Cochabamba. Provincia de Esteban Arce. La Paz.

JELIN, ELIZABETH (1976). Migración a las ciudades y participación en la fuerza de trabajo de las mujeres latinoamericanas: el caso del servicio doméstico. *Estudios Sociales. Cedes,* núm. 4.

—— (comp.) (1987). *Ciudadanía e identidad: las mujeres en los movimientos sociales latino-americanos.* Ginebra, Instituto de Investigaciones de las Naciones Unidas para el Desarrollo Social (UNRISD).

—— (comp.) (2003). *Más allá de la nación: las escalas múltiples de los movimientos sociales.* Buenos Aires, Libros del Zorzal.

—— (2006). Migraciones y derechos: instituciones y prácticas sociales en la construcción de la igualdad y la diferencia. En Grimson, Alejandro y Jelin, Elizabeth (comps.), *Migraciones regionales hacia la Argentina. Diferencia, desigualdad y derechos.* Buenos Aires, Prometeo.

KARASIK, Gabriela (2000). Tras la genealogía del diablo. Discusiones sobre la nación y el Estado en la frontera argentino-boliviana. En Grimson, Alejandro (comp.), *Fronteras, naciones e identidades. La periferia como centro.* Buenos Aires, Ciccus-La Crujía.

KASTORIANO, Riva (2006). Religión e incorporación: el Islam en Francia y Alemania. En Portes, Alejandro y De Wind, Josh (coords.), *Repensando las migraciones: nuevas perspectivas teóricas y empíricas.* Colección América Latina y el Nuevo Orden Mundial. México, Miguel Ángel Porrua, UAZ, Secretaría de Gobernación Instituto Nacional de Migración.

La Nación (2013). Enrique Antequera, el cacique de La Salada que espera la definición de la interna peronista. 1/09/2013. En web: [http://www.lanacion.com.ar/1615480-enrique-antequera-el-cacique-de-la-saladaque-espera-la-definicion-de-la-interna-peronista]. Última visita 27/09/2013.

LACLAU, Ernesto (2007). *La razón populista*. Buenos Aires, Fondo de Cultura Económica.

LAFLEUR, Jean-Michel (ed.) (2012). *Diáspora y voto en el exterior. La participación política de los emigrantes bolivianos en las elecciones de su país de origen*. La Paz, Tribunal Supremo Electoral de Bolivia.

LEVITT, Peggy y GLICK SCHILLER, Nina (2004). Perspectivas internacionales sobre migración: conceptualizar la simultaneidad. *Migración y Desarrollo*, 3, 60-91.

MAFFIA, MARTA (2002). *Dónde están los inmigrantes*. La Plata, Ediciones Al Margen.

MAGLIANO, María José (2007). Migración de mujeres bolivianas hacia Argentina: cambios y continuidades en las relaciones de género. *Les Cahiers ALHIM*, 14, 41-62.

—— (2009). Migración, género y desigualdad social: la migración de mujeres bolivianas hacia Argentina. *Revista Estudios Feministas*, 17(2), 349-367.

—— (2013). Los significados de vivir múltiples presencias. Mujeres bolivianas en Argentina. *Migraciones Internacionales*, 7(1), 165-195.

MAGLIANO, María José, PERISSINOTTI, María Victoria y ZENKLUSEN, Denise (2013). Mujeres bolivianas y peruanas en la migración hacia Argentina: especificidades de las trayectorias laborales en el servicio doméstico remunerado en Córdoba. *Anuario Americanista Europeo*, 11, 71-91.

MAGUID, Alicia (1995). Migrantes limítrofes en la Argentina: su inserción e impacto en el mercado de trabajo. *Estudios del Trabajo*, nº 10, ASET.

MALLIMACI BARRAL, Ana Inés (2012). Revisitando la relación entre géneros y migraciones: Resultados de una investigación en Argentina. *Revista Mora*, 18, 10-22.

—— (2016). Migraciones y cuidados. La enfermería como opción laboral de mujeres migrantes en la ciudad de Buenos Aires. *Universitas Humanística*, 82, 395-428.

MANZANO, Virginia (2007). Del desocupado como actor colectivo a la trama política de la desocupación. En Cravino, María Cristina (ed.), *Resistiendo en los barrios. Acción colectiva y movimientos sociales en el Área Metropolitana de Buenos Aires*. Universidad Nacional de General Sarmiento. Instituto del Conurbano.

MARQUIEGUI, Dedier Norberto (2006). Pluralismo social y cultural, crisol de razas y multiculturalismo en el estudio de las migraciones masivas a la argentina: una mirada histórica retrospectiva. *Revista Astrolabio* Nº4. Córdoba. Universidad Nacional de Córdoba.

MARSHALL, Adriana y ORLANSKY, Dora (1983). Inmigración de países limítrofes y demanda de mano de obra en la Argentina, 1940-1980. *Desarrollo Económico*, 23(89), 35-58.

MASSEY, Douglas; ARANGO, Joaquín; GRAEME, Hugo; KOUAOUCI, Ali; PELLEGRINO, Adela y TAYLOR, J.E. (2000). Teorías sobre la migración internacional: una reseña y una evaluación. En *Migraciones y mercados de trabajo*. México, UAM, UNAM y Plaza Valdes y Editores.

MERKLEN, Denis (2000). Vivir en los márgenes: la lógica del cazador. Notas sobre sociabilidad y cultura en los asentamientos del Gran Buenos Aires hacia fines de los 90. En Svampa, Maristella (ed.), *Desde abajo. La transformación de las identidades sociales*. Buenos Aires, Biblos.

—— (2005). *Pobres ciudadanos. Las clases populares en la era democrática (Argentina 1983-2003)*. Buenos Aires, Gorla.

MINISTERIO DE DESARROLLO SOCIAL (2010). "Medidas Sociales". Documento publicado en: [http://www.desarrollosocial.gov.ar]. Recuperado el 30 de julio de 2013.

MUGARZA, Susana (1985). Presencia y ausencia boliviana en la ciudad de Buenos Aires. *Estudios Migratorios Latinoamericanos*, 1(1), 98-106.

NOVICK, Susana (1997). Políticas Migratorias en la Argentina. En Oteiza, Enrique, Novick, Susana y Aruj, Roberto (comps.), *Inmigración y discriminación: políticas y discursos*. Buenos Aires, Grupo Editor Universitario.

—— (2011). Migraciones en el Cono Sur: políticas, actores y procesos de integración. En Feldman-Bianco, Bela et al. (comps.), *La construcción social del sujeto migrante en América Latina*. Quito, FLACSO-CLACSO-Universidad Alberto Hurtado.

ORGANIZACIÓN INTERNACIONAL PARA LAS MIGRACIONES-CENTRO DE ESTUDIOS MIGRATORIOS LATINOAMERICANOS. OIM-CEMLA (2004). Relevamiento y diagnóstico de las asociaciones de la comunidad boliviana en la Argentina. Buenos Aires.

OTERO, Hernán (1994). Redes sociales primarias, movilidad espacial e inserción social de los inmigrantes en la Argentina. Los franceses de Tandil, 1850-1914. *Estudios Migratorios Latinoamericanos*, 9(28), 521-548.

PENCHASZADEH, Ana Paula y CONDORI MAMANI, Sandra (2017). Ciudadanía migrante en Argentina ¿Hecho o proyecto?. *Revista Temas de Antropología y Migración*, 8, 26-40.

PESSAR, Patricia (2005). Women, gender and international migration across and beyond the americas: inequalities and limited empowerment. Expert Group Meeting on International Migration and Development in Latin America and the Caribbean, Naciones Unidas.

PESSAR, Patricia y MAHLER, Sarah (2001). Gender and Transnational Migration. Conference on Transnational Migration: Comparative Perspectives.

PIANETTO, Ofelia y GALLIARI, Mabel (1989). La inserción social de los inmigrantes españoles en la ciudad de Córdoba, 1870-1914. *Estudios Migratorios Latinoamericanos*, 4(2), 583-608.

PINEDO, Jerónimo (2009). Hacer lo que los otros, por el momento, no pueden hacer. Proyecto militante, prácticas de anclaje territorial, relaciones de interdependencia y noción de compromiso en un Movimiento de Trabajadores Desocupados. Tesis de la Maestría en Ciencias Sociales de la Facultad de Humanidades y Ciencias de la Educación de la Universidad Nacional de La Plata. Mimeo.

PIZARRO, Cynthia (2009). Ciudadanos bonaerenses-bolivianos: activismo político binacional en una organización de inmigrantes bolivianos residentes en Argentina. *Revista Colombiana de Antropología*, 45(2), 431-467.

—— (2011). Introducción. En Pizarro, Cynthia (coord.), *Migraciones internacionales contemporáneas. Estudios para el debate*. Buenos Aires, CICCUS.

PORTES, Alejandro (1999). Capital social: sus orígenes y aplicaciones en la sociología moderna. En Carpio, J. y Novacovsky, I. (comps.), *De igual a igual. El desafío del Estado ante los nuevos problemas sociales*. Buenos Aires, Fondo de Cultura Económica.

PUTNAM, Robert (2000). *Bowling Alone: The Collapse and the Revival of American Community*. New York, Simon and Schuster.

QUIROZ, Julieta (2006). *Cruzando la Sarmiento. Una etnografía sobre piqueteros en la trama social del sur del Gran Buenos Aires*. Buenos Aires, Antropofagia.

RECALDE, A. (2002). Los inmigrantes de origen latinoamericano en la ciudad de La Plata. En Maffia, Marta M., *Dónde están los inmigrantes*. La Plata, Ediciones Al Margen.

REZÓNICO, Luciana y MORENCOS, Marcelo (2009). Asociaciones civiles de inmigrantes latinoamericanos en La Plata y Gran La Plata: su participación en el Programa Nacional de Normalización Documentaria

Migratoria "Patria Grande". Segundas Jornadas de Antropología Social del Centro Bonaerense, UNICEN, Olavarría.

RIVERO SIERRA, Fulvio (2011). Formas "tangibles" e "intangibles" de discriminación. Aportes para una formalización teórico conceptual. En Pizarro, Cynthia (comp.), *Migraciones contemporáneas internacionales. Estudios para el debate*. Buenos Aires, Ediciones Cicus.

RODRIGO, Federico (2016). La re-inscripción estatal de la etnización nacional. La burocracia diaspórica boliviana en la ciudad de La Plata. *Astrolabio Nueva Época*, 17, 146-173.

ROBERTS, Bryan (2001). The new social policies in Latin America and the development of citizenship: An interface perspective. Documento presentado en el Workshop on Agency, Knowledge and Power: New Dierctions, Universidad de Wageningen, diciembre de 2001.

ROMERO, José Luis (1956). *Argentina: imágenes y perspectivas*. Buenos Aires, Raigal.

ROSEBERRY, William (2007). Hegemonía y el lenguaje de la controversia. En Lagos, María y Calla, Pamela (comps.), *Antropología del Estado. Dominación y prácticas contestatarias en América Latina*. La Paz, IDH-PNUD.

SALA, Gabriela (2000). Mano de obra boliviana en el tabaco y la caña de azúcar en Jujuy, Argentina. *Estudios Migratorios Latinoamericanos*, 15(45), 337-370.

SASSONE, María Susana (1988). Migraciones laborales y cambio tecnológico. El caso de los bolivianos en El Ramal jujeño. *Cuadernos de Antropología Social*, n° 1, Buenos Aires, Instituto de Ciencias Antropológicas, Facultad de Filosofía y Letras, UBA.

SEGATO, Rita (1998). Alteridades políticas y alteridades históricas. En *Anuario Antropológico '97*. Tempo Brasileiro. Río de Janeiro.

—— (2007). *La nación y sus otros: raza, etnicidad y diversidad religiosa en tiempos de políticas de la identidad*. Buenos Aires, Prometeo.

SEGURA, Ramiro (2011). La trama relacional de la periferia de la ciudad de La Plata. La figuración "establecidos-outsiders" revisitada. En *Publicar en Antropología y Ciencias Sociales*. Buenos Aires, Colegio de Graduados en Antropología.

—— (2012). La ciudad y el acontecimiento. Juventud, clase social y acceso al espacio público en la ciudad de La Plata. *Question*, 1, 188-200.

SVAMPA, Maristella (2005). *La sociedad excluyente. La Argentina bajo el signo del neoliberalismo*. Buenos Aires, Taurus.

SVAMPA, Maristella y PEREYRA Sebastián (2003). *Entre la Ruta y el Barrio. La experiencia de las organizaciones piqueteras*. Buenos Aires, Biblos.

THOMPSON, Edward Palmer (1989). *La formación de la clase obrera en Inglaterra*. Barcelona, Crítica.

VÁZQUEZ, Mauro (2005). La nacionalidad migrante entre el género, lo político y la clase: madres, paisanas y piqueteras. En el III Congreso Panamericano de Comunicación. Buenos Aires.

VICHICH, Nora (2005). El Mercosur y la migración internacional. Expert Group Meeting on International Migration and Development in Latin America and the Caribbean, United Nations Secretariat. México.

WILLIAMS, Raymond (2009). *Marxismo y literatura*. Buenos Aires, Las Cuarenta.

WYCZYKIER, Gabriela (2006). De conflictos y negociaciones. La vinculación de las organizaciones civiles y el Estado en la implementación del Programa Jefe/as de Hogar Desempleados. En Acuña, Carlos; Jelin, Elizabeth y Kessler, Gabriel, *Políticas sociales y acción local*. Buenos Aires, IDES.

ZALLES CUETO, Alberto (2002). El enjambramiento cultural de los bolivianos en la Argentina. *Nueva Sociedad*, 178, 89-103.

www.ingramcontent.com/pod-product-compliance
Lightning Source LLC
Chambersburg PA
CBHW021336290326
41933CB00038B/785